FRÉDÉRIC SOULIÉ.

LE COMTE
DE FOIX

I

PARIS. — 1851
HIPPOLYTE SOUVERAIN, ÉDITEUR
Rue des Beaux-Arts, 5

LE COMTE
DE FOIX

I

SOUS PRESSE.

MÉMOIRES DE TALMA
ÉCRITS PAR LUI-MÊME
Recueillis et mis en ordre sur les papiers de la famill
Par Alexandre DUMAS
Tomes V et VI.

Les Proscrits de Sylla
2 vol. in-8
Par Félix DERIÉGE

UN OUVRAGE NOUVEAU
Par A. de ROSTAN. — 2 vol. in-8°.

UNE LUTTE CONTRE LE DESTIN
Par Théophile GAUTIER.

MÉMOIRES DE DON JUAN
Par Félicien MALLEFILLE.

Les Mystères de Rome
PAR FÉLIX DERIÉGE.
Seconde et dernière partie.

NOBLESSE OBLIGE
2 vol. in-8
Par F. de BAZANCOURT.

LE DERNIER D'EGMONT
Par sir de ROCKINGHAM.

LAGNY. — Imprimerie de VIALAT et Cie.

LE COMTE
DE FOIX

PAR

FRÉDÉRIC SOULIÉ

I

PARIS
HIPPOLYTE SOUVERAIN, ÉDITEUR,
RUE DES BEAUX-ARTS, 5

1852
1851

CHAPITRE PREMIER.

A quelques centaines de pas du bourg de Mirepoix, de l'autre côté du Llers, torrent qui traverse dans presque toute sa longueur la riche vallée qui s'étend de ce bourg jusqu'à la ville de Pamiers, s'élève une colline qui domine non-seulement le cours de cette petite rivière, mais encore le chemin qui la borde et qui va vers Castelnaudary. Aux deux tiers à peu près de cette colline commençait un château, dont les ruines existent encore.

Adossé au flanc de la montagne, il montait avec elle, atteignait son sommet, et le dépassait par quatre grandes tours que l'on apercevait à plusieurs lieues de distance.

Cette manière de poser les redoutables forteresses où s'enfermaient les puissans châtelains de cette époque faisait intérieurement de ces vastes constructions quelque chose d'assez bizarre pour que nous croyions devoir l'expliquer à nos lecteurs.

Les premières constructions qui servaient d'enceinte générale au château s'étendaient d'abord parallèlement à la colline sur une façade de près de trois cents pieds, et montaient à une hauteur prodigieuse; puis elles allaient rejoindre par des constructions latérales la colline, gardant au sommet le même niveau, mais diminuant de hauteur absolue à mesure que leur base s'élevait avec la pente du terrain, de façon qu'arrivée à la petite plate-forme sur laquelle se dressaient les quatre tours dont nous avons parlé, cette enceinte n'avait plus qu'une élévation d'une vingtaine de pieds. On comprend que de cette façon une très-grande étendue de terrain en plan, rapidement incliné, fût enfermée dans cette enceinte.

Aussi, lorsqu'on entrait du côté de la façade, c'est-à-dire du côté où les murs étaient les plus élevés et descendaient par conséquent le plus bas sur le penchant de la colline, on trouvait après la poterne, garnie d'une double herse, un vaste champ au milieu duquel était tracé un chemin tortueux bordé de vieux chênes et de frênes énormes. De chaque côté de cette allée s'élevaient une demi-douzaine de maisonnettes, de granges, d'étables, où logeaient les serviteurs du seigneur féodal, chargés des soins du bétail : le reste était demeuré agreste et inculte, à l'exception d'une étendue assez grande qui avait été nivelée et battue pour servir à la fois aux jeux et aux exercices des habitans du château.

Le rez-de-chaussée des constructions d'enceinte était réservé à d'immenses écuries pour les chevaux du seigneur, de ses hommes d'armes et des visiteurs qui pouvaient se présenter, quelque nombreuse que pût être leur suite.

L'allée qui traversait en tournant ce vaste espace conduisait à une seconde construction qui le traversait dans toute sa largeur et allait s'appuyer par ses deux extrémités aux murs latéraux.

Mais la base de cette construction se trouvant de beaucoup plus élevée que celle de la première, le rez-de-chaussée en était à peu près à la hauteur du second étage des bâtimens extérieurs.

Cet immense rez-de-chaussée offrait au centre un énorme pavillon carré d'où s'étendaient à droite une immense salle d'armes, et à gauche une chapelle qui, de nos jours, serait une église plus que suffisante pour un village de quelque importance. Un escalier qui occupait une partie de ce pavillon conduisait aux étages supérieurs occupés par ceux qui dépendaient plus immédiatement du suzerain, et parmi lesquels il faut compter non-seulement l'argentier, l'armurier, le sommelier, le fauconnier et autres, mais encore les hommes d'armes qui, à cette époque, se rangeaient sous une bannière seigneuriale pour combattre à sa solde, et qui possédaient en propre leurs chevaux, leurs armes, et quelquefois deux ou trois hommes à leur service et qu'ils engageaient avec eux.

Lorsqu'on avait traversé ce bâtiment, on retrouvait un nouvel espace libre, mais plus soigné et garni de fleurs et de quelques arbres fruitiers, et au bout de cet espace, de nouvelles constructions qui gravissaient le rocher nu, et qui étaient ce qu'on pouvait appeler véritablement le château. Là, on avait taillé en quelques endroits les salles dans le roc lui-même; on montait dans un labyrinthe d'escaliers qui, au sommet, s'ouvraient tout-à-coup sur une cour pleine encore d'une végétation puissante, et autour de laquelle on trouvait d'autres bâtimens :

on montait encore et l'on atteignait des terrasses naturelles aboutissant aux étages les plus élevés de l'enceinte extérieure, et du rez-de-chaussée du dernier de ce bloc de bâtimens entassés les uns sur les autres, on était de plain-pied avec la terrasse qui régnait au sommet de la grande enceinte. Mais ce n'était pas tout, et après toutes ces constructions, on arrivait à la plate-forme au milieu de laquelle s'élevaient les quatre tours parfaitement isolées et qui étaient la citadelle de ce château.

Là, on avait creusé un fossé dans le roc, fossé qui, quoique privé d'eau, n'en était pas moins un obstacle difficile à franchir pour les assaillans qui fussent arrivés jusqu'à cet endroit; car un seul pont-levis, fermé par une porte étroite et basse, donnait entrée dans cette citadelle.

Dans cet endroit, étaient renfermés dans d'immenses caves et dans les salles qui unissaient les tours les unes aux autres, tous les moyens d'une défense désespérée, des projectiles de toutes sortes, des outres d'huile, des masses de résine pour inonder les assiégeans de matières brûlantes, une immense quantité de blé et de seigle, des viandes salées, du vin, du bois en monceaux énormes, et enfin, dans l'endroit le plus secret de l'une des tours, l'or, les bijoux et les armures précieuses.

Un pareil château, situé sur une hauteur qui n'était commandée par nulle autre, semblerait difficile à prendre, même de nos jours, avec les puissans moyens que l'artillerie nous a donnés; on doit donc penser de quelle importance il était à une époque où ce n'était qu'en faisant combattre pour ainsi dire les machines de guerre et les murailles corps à corps, qu'on parvenait à ébranler ces puissantes forteresses.

Indépendamment de sa force propre,

ce château tenait de sa position un immense avantage, car il commandait, comme nous l'avons dit, le chemin qui menait de Castelnaudary au bourg de Mirepoix et de là à Foix. Toute la riche vallée qui s'étendait à ses pieds était également dans ses dépendances, et il suffisait d'un seul mot du suzerain pour que vingt cavaliers, sortis du château, pussent enlever en une heure ou deux les nombreux troupeaux qui paissaient dans la plaine. Pendant ce temps les faucheurs avaient bientôt fait de tondre les prés les plus riches pour la nourriture des chevaux du maître, et le voyageur, dont la tournure promettait un butin, si minime qu'il soit, n'avait guère de chance de s'échapper lorsqu'il avait excité de loin la convoitise de quelques hommes d'armes du châtelain.

En face des murs, il existait un bac pour traverser le torrent qui coulait au pied de la colline.

Durant l'hiver et au printemps, c'était le seul moyen de communication qui existât du bourg au château, communication qui n'était pas sans danger lorsque le torrent roulait dans toute sa force.

Souvent les moines du couvent de Saint-Maurice, situé dans la plaine, avaient proposé aux seigneurs du château de remplacer ce bac par un pont construit à leurs frais; mais comme le droit de péage de ce bac était un des meilleurs revenus du châtelain, jamais il n'y avait voulu consentir, attendu qu'ils y mettaient pour condition que le droit serait perçu à leur profit.

En été, le torrent presque desséché rendait ce bac inutile; mais les voyageurs, les marchands, n'en devaient pas moins le droit, quoiqu'ils ne fissent pas usage du radeau demeuré à sec sur le sable, et cela avait nécessité, de la part des seigneurs, une surveillance perpétuelle et, en conséquence, l'établissement au bord du torrent d'une petite tour qui servait de demeure au conducteur du bac et à sa famille, composée d'une fille de seize ans à peine, et de deux garçons de vingt et de vingt-deux ans, alertes, vigoureux, et qui de jour comme de nuit étaient aux aguets de ceux qui eussent voulu frauder le droit de passage.

Ce château était celui du sire de Terride.

Et le sire de Terride était l'un des plus redoutables suzerains du Languedoc.

CHAPITRE DEUXIÈME.

Durant une soirée du mois de mai 1217, où le Llers était grossi par les neiges, que les premières chaleurs avaient fait fondre sur les montagnes, un bruit de cor appela du côté du bourg le bac que Robin et Gauthier, les deux fils du gardien du passage, venaient d'amarrer solidement au pied de la tour; ne pensant pas qu'à pareille heure personne osât s'exposer à passer le torrent, les deux fils et le père étaient allés à un rendez-vous qui leur avait été assigné le matin même, et la garde de la tour avait été confiée à Guillelmète.

Celle-ci entendit le bruit du cor; elle se mit à une des hautes fenêtres de la tour, et, ayant sans doute reconnu à l'appel celui qui l'avait fait, elle cria de manière à être entendue de l'autre côté du Llers :

— Il est trop tard, sir Guy de Lévis, vous ne passerez point ce soir, car je suis seule dans la tour.

— Eh! ma mie, lui dit celui à qui elle s'adressait, et qu'on apercevait à travers le crépuscule de l'autre côté de la rive, je t'ai vue conduire le bac de ce côté par de plus grandes eaux que celles qui nous séparent; et, si tu ne veux pas que je passe, c'est pure mauvaise volonté de ta part.

— Ce n'est point mauvaise volonté, c'est l'ordre de mon père et de mes frères, qui m'empêche de vous servir.

— Tu es bien obéissante aujourd'hui, Guillelmète; dis-moi donc si c'est par ordre de ton père et de tes frères que tu vas le soir te promener dans les oseraies de la rive avec le maure Ben Ouled.

— C'est un mensonge, dit Guillelmète; je suis une fille chrétienne, et je ne suis point faite pour aimer un homme qui est de la couleur de Satan, dont il est sans doute un des suppôts.

— Bah! bah! fit Guy de Lévis, il n'est peut-être pas si noir qu'il est diable; car il m'a semblé qu'un jour, après avoir lutté avec un de mes bons Bourguignons, la sueur qui coulait de son front emportait une bonne partie de sa noirceur, et je ne suis pas bien sûr de ne pas avoir vu un jour quelque peu de son teint de pain d'épice demeurer sur tes lèvres roses.

— Vous êtes toujours le même, sire Guy ; vous êtes tellement préoccupé d'amour pour la demoiselle de notre château, que vous voyez tout le monde amoureux.

— Et cela, reprit Guy, malgré la couleur sous laquelle se cache celui dont je te dirai le vrai nom, au risque que le vent l'emporte jusqu'au château, si tu ne viens pas chercher moi et ma suite.

— Vous seul, dit Guillelmète, et tout au plus un page et un écuyer avec vous.

— Va, va, dit Guy, la suite que j'amène n'est point de celles qui font peur aux jeunes filles, et peut-être trouveras-tu dans les bagages qui m'accompagnent telles choses qui te rendront plus gracieuse.

Le sire Guy de Lévis, celui qu'on appelait le maréchal de la Foi, était aussi renommé par sa libéralité que par sa bravoure; et, soit qu'elle fût séduite par l'espoir de quelque riche présent, soit qu'elle craignît de voir divulguer le secret dont lui avait parlé le vaillant croisé de l'armée de Simon don Montfort, Guillelmète descendit de la tour, détacha le bac, et fut bientôt de l'autre côté de la rivière.

A peine la barque avait-elle tourné le bord, que le sieur Guy de Lévis s'élança près de Guillelmète et dit à un écuyer :

— Maintenant fais entrer ici les mulets et les marchands.

Un coup de croc vigoureusement donné par Guillelmète éloigna la barque du rivage, et elle lui dit :

— Non, messire, tous ces hommes n'entreront pas; ce n'est point en si nombreuse compagnie que vous avez coutume de venir faire vos visites ; et nous, pauvres Provençaux, nous sommes trop habitués aux trahisons des Français pour que je consente à recevoir tous ces hommes et tous ces chevaux dans le bac.

— Hé ! Roland ! cria le sire de Lévis à un écuyer qui se tenait sur le rivage, jette dans la barque un des ballots qui chargent nos roussins, et que Guillelmète s'imagine cacher des armes dangereuses.

Roland exécuta ce que lui avait dit son maître, et Guy de Lévis, défaisant lui-même ce ballot avec la pointe de son poignard, lui montra qu'il était rempli de gants cousus d'or, d'écharpes de soie, d'étoffes de pourpre et de santal.

Pendant que la jeune fille, courbée sur le ballot, considérait attentivement ces ajustemens splendides, Guy leva un moment le poignard sur elle comme s'il allait l'en frapper; mais il s'arrêta au moment où elle se relevait, tenant une écharpe vermeille, en disant d'un ton dont la tristesse contrastait avec le plaisir qu'elle semblait éprouver à contempler ces parures :

— Oui, oui, ce sont là des armes

dangereuses avec lesquelles vous avez obtenu dans ce château un accès que ne vous eussent jamais donné tous vos hommes d'armes et toutes vos machines de guerre ; oui, ce sera pour la comtesse Signis et pour sa fille Ermessinde des armes plus dangereuses que ne l'eussent été pour le vieux sire de Terride vos heaumes de Pavie et vos velours d'Utrecht.

Guy considéra un moment la jeune fille, et, lui prenant l'écharpe des mains, il lui dit avec un sourire flatteur :

— Ce n'est point lorsque nous les portons que ces armes sont dangereuses, c'est lorsqu'elles sont au cou d'une belle jeune fille aux yeux noirs et flamboyans comme les tiens.

En disant cela, il lui passa et lui noua l'écharpe autour du cou, tandis que Guillelmète répondait d'un air embarrassé, mais ravi :

— De pareilles parures ne sont pas faites pour une fille comme moi.

— Je prétends que tu la gardes, lui dit Guy de Lévis, en retenant les mains de la jeune fille qui feignait de vouloir détacher l'écharpe.

Et tout aussitôt le chevalier en saisissant les deux bouts, les tira violemment et serra le nœud autour du cou de la pauvre fille avec tant de rapidité, qu'elle ne put laisser échapper qu'un cri étouffé, et qu'au moment où elle portait les mains à son cou pour se débarrasser de cet horrible lien, Guy la précipita dans le torrent.

— Hâtons-nous maintenant, dit le chevalier aux hommes qui l'attendaient sur la rive, le passage est à nous.

Pendant que les mulets et les hommes entraient dans le bac, celui qu'on avait appelé Roland dit au sire de Lévis :

— En vérité, quand je vous ai vu

lever le poignard sur cette jeune fille, j'ai craint que vous manquassiez le serment que vous avez fait à l'abbé de Saint-Maurice de ne point répandre de sang pour entrer dans le château.

— Le saint légat Pierre de Bénévent m'eût absout de ce péché, si j'avais été forcé de le commettre, dit le chevalier; mais un coup de poignard n'eût peut-être pas étouffé le cri d'alarme qu'eût pu jeter cette fille avant de mourir, et qui eût averti les archers de la poterne; et, en agissant ainsi, j'ai assuré le succès de mon entreprise, et j'ai tenu ma parole.

— Dieu soit loué, dit Roland en

se signant, Dieu soit loué, qui vous a inspiré ce salutaire stratagême; cela prouve qu'il protége toujours les efforts de ceux qui se sont dévoués à servir sa cause.

Ces paroles appelèrent un nuage de tristesse sur le front du chevalier, qui ne répondit point à son écuyer, mais qui sembla peu persuadé de la vérité de ses réflexions. Un moment après, ils touchèrent à l'autre rive du Llers, et, grâce à deux voyages rapidement faits, il y eut bientôt au pied du château une vingtaine de chevaux et autant d'hommes, qui commencèrent à gravir lentement le sentier étroit et difficile qui conduisait du chemin public à la poterne de l'enceinte extérieure de Terride.

CHAPITRE TROISIÈME.

Arrivés à la poterne du mur extérieur, le sire Guy de Lévis ne se présenta point d'abord seul comme il avait fait au bac, mais il ne demanda point à faire entrer ses hommes, et dit seulement au gardien :

— Crédo, voici une prise que j'apporte en offrande au château de Terride. Ce sont de riches parures et de bonnes étoffes que ces marchands arragonais portaient jusqu'à Toulouse, et dont la plus large part, quand les comtesses auront pris la plus riche, sera distribuée à tous ceux du château.

— Y a-t-il des pourpoints de buffle pour mettre sous nos armures? dit celui qu'on avait appelé Crédo; car les nôtres sont si bien usés que l'acier nous tient à la peau.

— Il y a tout ce qui peut plaire à des hommes et à des femmes; car j'ai déjà paré de ma plus belle écharpe la jolie Guillelmète, qui nous a fait passer le bac.

— Vous avez eu tort, sire chevalier, dit Crédo; déjà cette jeune fille a assez de vanité de sa beauté pour ne pas lui donner celle qu'elle peut tirer de sa parure. Mais il m'importe peu qu'elle soit ce qu'elle voudra, depuis qu'elle s'est mise en amour avec ce Sarrazin qui habite ici.

— Je monte au château, dit le sire de Guy, et je te vais envoyer, de la part du sire de Terride, l'ordre de laisser pénétrer ici mes hommes et leurs charges.

— C'est comme si je le tenais, dit Crédo; vous allez le demander à la comtesse Signis, car depuis long-temps le comte ne donne plus d'ordre, et la comtesse le donnera dès qu'elle entendra parler de parures. Entrez donc tout de suite, et comme je suppose que vous et vos gens passeront la nuit au château, je vais baisser la herse et fermer la poterne.

Guy de Lévis demeura pour voir entrer tous ses équipages, et leur désigna lui-même une vaste grange isolée dans le préau où ils pourraient aller décharger les roussins et se reposer.

Au moment où la porte s'allait fermer derrière le dernier mulet, un homme se glissa rapidement, et ce ne fut que lorsqu'il fut dans l'intérieur que Crédo s'aperçut que c'était ce qu'on appelait en général un bourdonnier.

— Eh, quel est ce drôle? s'écria Crédo; est-ce un de vos gens, sire Guy, qui ose se présenter ici le bourdon au poing? s'il est à vous, il ment à la trève que vous avez conclue avec le sire de Terride, et qui dit que nul Français portant croix ou bourdon, ou aucun autre signe de la croisade, n'entrera au château; s'il n'est pas à vous, ce que je crois, car sa robe trempée prouve qu'il a passé le torrent à la nage, et non avec votre compagnie, je vais lui prouver comment on reçoit ceux de son espèce dans ce château, quand ils ne sont pas couverts par la trève de leur seigneur.

— Je ne suis ni un Français ni un croisé, dit l'étranger, je suis un simple Romieu (on appelait ainsi les pélerins qui faisaient ou avaient fait le voyage de Rome).

— Viens-tu de la sainte ville ou

bien y vas-tu? dit le sire de Lévis avec une vivacité qui prouvait que pour lui la différence pouvait être grande.

— J'y vais, messire, dit le pélerin.

— Alors qu'il entre, dit Guy de Lévis, en s'éloignant pour gagner la partie du château habitée par le sire de Terride.

Pendant le temps que Crédo fermait la poterne, quelques archers avaient entouré le nouveau venu et lui demandaient des nouvelles des pays qu'il avait traversés. Le pélerin sembla attendre que les hommes du sire de Lévis se fussent éloignés, et s'adressant à Crédo qui était venu se joindre à ses camarades, il leur dit alors :

— Il vous sied bien en vérité de vous enquérir des nouvelles du dehors, lorsque vous ignorez même celles qui sont enfermées dans ces murs.

— Nous ne les savons que trop, dit Crédo, nous savons très-bien que cet impénétrable château, le seul peut-être de la Languedoc, qui ne fût pas tombé au pouvoir des Croisés par les armes, leur va tomber en partage par le mariage.

Oh! damné soit le jour où le sire de Terride permit à la comtesse Signis et à sa fille, d'aller à la cour d'amour de Saverdun, c'est là qu'elles ont vu le sire de Lévis et se sont prises d'amour pour les fêtes et les pas d'armes, les parures et les galanteries.

Si tu nous veux dire que ce mariage est prochain, et que peut-être ce sont des présens de noces qui viennent d'entrer, nous le savons.

— Beaux présens de noces en effet, dit le pélerin, et comme il convient qu'un traître en apporte à des lâches. Ce sont des casques, des cuirasses dont se revêtent les prétendus marchands que tu as reçus, Crédo.

— Dis-tu vrai ? s'écria celui-ci.

— Va écouter à la porte de leur grange, et tu entendras un murmure de fer.

— Trahison! nous sommes perdus, dit Crédo.

— Depuis quand donc les Provençaux se disent-ils perdus lorsqu'ils tiennent enfermés leurs ennemis armés dans la même enceinte qu'eux.

— Depuis qu'ils ne sont que six contre vingt, six couverts d'armures dont les courroies sont pourries et se détachent au premier coup d'épée.

— Eh bien! dit le pélerin, mettez entre eux et vous des pierres et des portes, que les coups d'épée ne puissent détacher si aisément que vos armures, et puisque les loups tiennent les chiens enfermés, que les chiens enferment à leur tour le renard dans une autre cage, et nous verrons qui sera le maître.

Et maintenant venez tous, si vous voulez savoir des nouvelles.

Aussitôt le pélerin se mit à gravir l'allée de chênes qui menait à la première ligne de bâtimens; il s'arrêta devant la porte de la chapelle, elle était déserte, la salle d'armes l'était également; nul pas ne se faisait entendre dans les étages supérieurs.

— En êtes-vous là? dit le pélerin.

— Nous en sommes là, dit Crédo d'un air mortifié.

— Où en sont donc ceux de là-haut? dit l'étranger d'un ton sombre.

Un ricanement de mauvais augure fut la seule réponse de Crédo.

Alors le pélerin ferma derrière lui les portes et en assura les barres de fer.

Les archers voulurent s'y opposer, mais Crédo les arrêta en leur disant :

— Laissez faire, ou je me trompe

fort, ou celui-là a le droit d'agir ainsi.

Pendant qu'il prenait ces précautions, Crédo vit briller sous sa large robe le bout d'une haute épée et les mailles d'une armure, et voulant vérifier le soupçon qu'il avait conçu, il s'approcha de lui pour lui parler; mais le pélerin croyant qu'il voulait s'opposer à son dessein, l'arrêta par ces mots :

— N'aie pas peur, Crédo, nous n'avons pas affaire à des prêtres.

Celui-ci tressaillit à cette parole; et pour qu'on puisse comprendre à quoi ce mot pouvait faire allusion, il est nécessaire de raconter la circonstance qui avait valu à cet homme le nom qu'il portait.

Plus de vingt ans avant le jour où commence cette histoire, cet homme appartenait comme serf à l'abbaye de Saint-Maurice, où il était chasseur et avait mérité le surnom de *tueur de loups*. C'était l'époque où l'hérésie des parfaits et des insabattés s'introduisait dans les campagnes.

Or Macrou (c'était le nom de cet homme), avait été accusé d'aller écouter dans les bois les prédications des sectaires vaudois. Mais ce n'était pas encore le temps où l'on procédait à l'extirpation de l'hérésie par le massacre et l'incendie, et l'abbé de Saint-Maurice fit comparaître Macrou devant lui. Ce fut pour le manant une horrible peur; car on ne parlait pas moins que d'oubliettes tout hérissées d'aciers tranchans et où on jetait les hérétiques.

Sur le conseil d'un jongleur, le pauvre Macrou, qui se voyait déjà enfermé dans les profonds cachots du couvent, renferma toute sa défense en un mot, et ce mot était *Credo*.

Ainsi, quand l'abbé lui demanda s'il croyait aux doctrines des parfaits :

Credo, répondit Macrou.

— Tu ne crois donc pas à la sainte Trinité ?

Credo fut la réponse de Macrou.

Et il n'en fit aucune autre, soit qu'on l'interrogeât dans un sens ou dans un autre, sur la vérité du catholicisme ou sur les erreurs de l'hérésie.

Enfin, le prieur qui s'était chargé de l'interroger, outré de cette façon de répondre, lui dit d'une voix de tonnerre :

— Tu crois donc parler à un imbécile ?

— *Credo,* repartit Macrou.

L'abbé, comme le dit la chronique, était plus gabeur que dévôt, et il détestait sincèrement son prieur qui tâchait à le pousser dehors pour prendre sa place.

A cette réponse il éclata de rire, et tous les moines en firent autant, tandis que l'abbé s'écriait :

— Cet homme croit aux vraies vérités; qu'on le laisse libre.

Le nom de Crédo en resta à Macrou; mais comme il savait que la haine du prieur ne lui pardonnerait jamais la gaîté qu'il avait excitée, il quitta clandestinement les terres des moines, et se rendit au sire de Terride.

Ce fut l'occasion d'un procès célèbre, dans lequel les moines gagnèrent, par jugement de l'archevêque de Narbonne, le droit de faire la culture du raisin blanc dans les vignes du coteau de Terride, qui était le plus renommé du pays.

On fut étonné de ne pas voir le sire de Terride appeler de ce jugement, qui lui enlevait une si large part d'un de ses meilleurs revenus. Mais on comprit bientôt son obéissance ; car l'année d'ensuite il fit arracher tous les ceps blancs, et les fit remplacer par du raisin noir, ce à quoi les moines n'eurent rien à dire, le cas n'ayant pas été prévu.

Ces circonstances, indépendamment de la force et du courage de Crédo, avaient donné dans le pays un certain renom à cet homme; et s'il était étonné de l'allusion faite par l'étranger à la peur qu'il avait éprouvée, c'est que ce mot lui avait souvent été adressé par quelqu'un dont le souvenir était depuis long-temps oublié dans ce pays, lorsque celui-là voulait l'entraîner à quelque joyeuse escapade.

Cependant ils arrivèrent tous, suivant le pélerin, jusqu'à l'entrée du manoir.

Pour que nos lecteurs puissent comprendre la scène qui s'y passa, il est nécessaire de leur expliquer comment était disposée la salle où entra le pélerin.

CHAPITRE QUATRIÈME.

C'était une longue galerie, divisée en deux parties égales par une balustrade à hauteur d'appui, comme le chœur d'une église l'est de la nef.

Du côté par où on entrait, des dalles de pierres couvraient le sol, et les murs étaient garnis de bancs de bois ; une vaste cheminée, où, malgré la douceur de la saison, brûlait un feu qu'un homme d'un teint presque noir réveillait de temps en temps en y jetant des paquets de sarmens, occupait le fond de cette première partie, où une lampe à trois becs répandait une clarté pauvre et tremblante.

C'était de ce côté que se trouvait la porte d'entrée qui communiquait directement avec l'extérieur.

L'autre moitié de la galerie avait un aspect bien différent.

Le pavé en était couvert de tapis, ainsi que les murs; d'énormes bougies brûlaient dans des candélabres fichés aux murs.

Des piles de coussins étaient épandues çà et là, et une table de marbre supportée par des pieds incrustés occupait le centre de cette partie de la galerie.

A côté de cette table étaient assises deux femmes, l'une paraissant avoir trente-six ans, l'autre seize ou dix-sept. Leur ressemblance était extrême; toutes deux étaient petites, d'une taille frêle, brunes, avec de grands yeux noirs, des cheveux d'ébène, et apportant dans leurs moindres mouvemens une vivacité rapide et libre.

A quelque distance un groupe de cinq ou six femmes travaillaient en causant tout bas ; sur les genoux de l'une d'elles était un enfant de six à sept ans, aux beaux cheveux blonds et profondément endormi.

Près de l'une des nombreuses portes qui de cet endroit communiquaient aux intérieurs, se tenait un jeune homme de dix-huit ans qui, debout devant une espèce de lutrin, semblait absorbé par la lecture d'un manuscrit.

De l'autre côté de la table, un vieillard à la barbe blanche, le corps cassé, les traits flétris, le regard abattu, assis dans une chaire de bois à dossier et à dais sculpté, écoutait le sire de Lévis, qui, debout devant lui, continua à lui parler en ces termes, sans que l'arrivée du pélerin et des archers qui se groupaient autour de la cheminée parût le gêner le moins du monde :

— C'est chose vraie, sur mon honneur, notre seigneur le pape a prononcé l'arrêt. Toutes les terres de la Languedoc, du Quercy, de Comminges et de Conserans, sont données à perpétuité à mon seigneur, et maintenant au vôtre, le comte Simon de Montfort.

Et permettez à mon amour de s'en réjouir, puisque vous m'avez déclaré que si le fait advenait, vous me donneriez la main d'Ermessinde.

— C'est vrai, dit le sire de Terride, je t'ai donné cette parole, car si jamais ce château doit rendre hommage à ce barbare Normand, Français ou Anglais, car ce Montfort n'est le vrai fils d'aucune nation, ce ne sera point par ma voix.

Si ce que tu dis est vrai, si le bon droit, la noblesse et la courtoisie ont été condamnés par la cour de Rome, c'est qu'il n'y a plus de justice et d'équité sur terre ; et alors, moi, pauvre vieillard, qui n'ai plus ni force ni pouvoir pour les défendre, je la quitterai, navré du triomphe des méchans, et joyeux de n'y pas assister.

Attends encore quelques jours, sire Guy, tu viens de m'apporter une nouvelle qui m'a plus blessé que ne l'eût pu faire ton couteau français.

Demain, après-demain, cette châtellenie sera libre par ma mort, et alors tu pourras prendre tout à la fois le château, les terres, et cette fille qui est la mienne, et qui t'aime.

— Excusez-moi, Messire, il faut que

je retourne devers Toulouse avant vingt-quatre heures expirées ; c'est plus de temps qu'il n'en faut pour que votre chapelain unisse ma main à celle de votre fille.

— Vous avez donné votre parole, dit la comtesse Signis avec une impatience mal déguisée.

— Ah! fit le vieillard, vous avez grande hâte de servitude, Madame.

— J'ai hâte, Messire, dit Signis d'un ton sec, d'arracher ma fille à la mort ou à la honte.

Et puisque les glorieux seigneurs du Languedoc ne peuvent plus défendre leurs châteaux, ni l'honneur de leurs femmes et de leurs filles, ils n'ont rien de mieux à faire qu'à les mettre sous une protection plus efficace et plus jeune.

Le vieux sire de Terride se leva vivement à cette dernière parole; mais la colère, qui l'avait redressé d'un seul mouvement, ne put le tenir debout, il retomba sur sa chaire, et dit d'un ton de rage :

— Plus jeune, n'est-ce pas? Ah! Signis, le joug que tu portes t'est donc bien lourd, que pour t'en affranchir tu veuilles donner ta fille à un Français!

Et pourtant, femme, je t'ai donné

un des plus nobles noms de nos contrées, tu es la maîtresse de tout dans ma maison, tu es puissante ici comme une suzeraine.

— Suzeraine sans cour, maîtresse sans serviteurs, et demain peut-être à la merci du premier routier auquel il plaira d'attaquer ce château.

Non, Messire, cela ne peut pas durer ainsi.

— Ermessinde, dit le vieillard à sa fille, et toi aussi, veux-tu, comme ta mère, qu'à l'heure même cet homme devienne ton époux?

— Vous avez donné votre parole,

mon père, dit Ermessinde en baissant les yeux.

— Oh! fit le vieillard, cela devait être quand je me pris d'un fol amour pour la fille d'un Aragonais qui avait épousé sa servante mauresque. Elle était servante ta mère, Signis, servante et païenne; et si elle fit semblant, pour épouser le comte de Tolède, de se convertir à la vraie foi, elle n'en garda pas moins dans le cœur toute la perfidie et la bassesse de son origine. Elle te les a transmises, Signis, et tu les as transmises à ta fille.

Crois-moi, Lévis, crois-moi, ne sois jamais faible et malheureux avec ces femmes dans ta maison; car elles te vendront, comme elles me vendent, contre une écharpe ou un joyau.

Ce n'est pas du sang de chevalier qui est dans leurs veines, mais le sang africain, le sang des Maures pillards et des courtisanes qui tiennent marché de leur beauté dans les Espagnes.

— Sire de Terride, s'écria Signis en se levant, l'œil en feu, le corps agité d'un mouvement nerveux, les femmes de ma race sont plus pures que les nobles châtelaines de vos contrées, et vous n'en trouveriez aucune qui, comme la reine d'Aragon ou la comtesse de Comminges, en fût à son cinquième mari vivant.

Les femmes de ma race, Messire, meurent et vivent pour leur époux, quand cet époux est un homme; mais, Messire, ce n'est pas moi qui, il y a dix-huit ans, vous ai été choisir.

Rappelez-vous Othon de Terride, votre fils; il était mes amours et j'étais les siennes; il vous plut de me trouver belle, et comme mon père ne cherchait pas un mari selon mon cœur, mais un allié selon son intérêt, il pensa que le père, puissant seigneur de ce château, lui vaudrait mieux que le fils qui ne l'avait qu'en espoir, et il me donna à vous.

Je vous ai dit alors que j'aimais Othon, vous n'en avez tenu compte.

Ai-je été perfide, ou bien avez-vous été fou ?

Vous avez chassé votre fils qui vous faisait peur, vous m'avez enfermée ici durant dix-huit ans, à votre merci ; prisonnière par la force, je m'échappe dès que je le puis.

Sir Guittard de Terride, vous avez engagé votre parole de donner votre fille et ce château au sire Guy de Lévis, quand le sire de Montfort serait le seigneur reconnu de la Languedoc. Le pape a prononcé pour lui, tenez votre serment de bonne grâce, ou, de par le Christ, vous le tiendrez par force.

A ces mots, le vieillard se leva tout chancelant, et prenant une épée de forte taille qu'il agitait avec une frénésie qui lui tenait lieu de vigueur :

— Hélas! s'écria-t-il, les Français sont-ils donc dans l'antre du lion, qu'une femme ose s'y montrer de cette insolence ?

— Ils y sont, sire de Terride, reprit Guy d'une voix calme, le château est en mon pouvoir.

— En ton pouvoir! dit le vieillard; ses murs se sont donc ouverts devant toi ?

— Ce que la force n'eût pu faire, la ruse l'a emporté.

— La ruse, la ruse, n'est-ce pas ? l'arme des femmes et des lâches.... dit le vieux châtelain en s'avançant sur Guy; mais tu m'as oublié... moi ?

En disant cela, il leva son épée ; mais Guy, sans daigner tirer la sienne, saisit le bras du vieillard dont l'épée tomba, et le rejetant avec violence sur sa chaire, il s'écria d'une voix tonnante :

— Assez ! assez ! ce que j'eus voulu obtenir de votre courtoisie, je l'aurai de votre obéissance. Qu'on prépare la chapelle.

A cet ordre, le vieillard se laissa tomber de son siége sur ses genoux et se mit à crier d'une voix lamentable :

— Mon Dieu! Seigneur! n'y a-t-il donc pas un homme ici!

— Il y en a, Monseigneur, dit une voix retentissante, il y en a plus d'un, et fussé-je le seul, c'est assez pour punir ce chevalier félon qui vous a osé toucher de sa main.

A l'instant même le pélerin, dépouillé de sa longue robe, sauta pardessus la balustrade, l'épée à la main; le sire de Lévis se retourna sans que son visage montrât la plus légère émotion, et mesurant d'un regard de dédain celui qui le menaçait :

— Fou! lui dit-il, combien êtes-vous pour vous attaquer à moi tout seul?

— Sire Guy, ils sont six dans cette tour pour me voir punir ton insolence et ta déloyauté. Oh! ne cherche pas ton cor pour donner aux tiens le signal d'accourir, car les portes de la seconde enceinte sont fermées, et si nous sommes en ton pouvoir au dehors, tu es ici à notre merci. Ce n'est pas une ruse de guerre nouvelle, tu le sais, sire Guy, toi qui reviens de Beaucaire?

— L'épée au vent pour le Romieu! cria Crédo en sautant la barrière avec les autres archers, tandis que le Maure s'était approché de l'enfant comme pour le couvrir de son corps.

— Et qui es-tu, misérable! lui dit Guy, pour t'opposer à l'exécution de la parole que ce vieillard m'a donnée?

— T'a-t-il donné cette parole, dit le pélerin, sans aucune autre restriction que celle dont tu as parlé?

— Sans aucune autre, dit la comtesse Signis.

— Il n'a réservé les droits de personne?

— De personne, repartit la comtesse.

— Est-ce vrai, messire, dit le pélerin ?

— C'est vrai, et je croyais promettre l'impossible quand j'ai fait ce serment ; car je ne croyais pas tant d'iniquités assises sur le trône du vicaire de Dieu.

Mais toi-même, dis-moi, est-ce vrai que notre Saint-Père ait donné à ce barbare la suzeraineté de notre belle Languedoc ?

— C'est vrai, Messire, mais, sous cette condition même, étiez-vous donc libre d'engager votre parole ?

— Qui êtes-vous donc, dit la comtesse avec hauteur, pour interroger ici ?

— Puisqu'il n'y a dans cette demeure ni un cœur qui ait gardé un souvenir, ni une pierre qui ait gardé un écho de mon nom, je vous le dirai...

— Tu te trompes, Othon de Terride, dit le Maure en s'avançant; je t'ai reconnu dès que tu es entré; car je n'aurais pas laissé cet homme être si longtemps insolent si je n'avais su que nul n'a le droit de parler dans le château, quand son véritable maître s'y trouve.

— Et moi aussi! s'écria Crédo, je vous avais reconnu, maître, et c'est pour cela que je vous ai laissé barricader les portes de la seconde enceinte, et que je vous ai suivi jusqu'ici.

CHAPITRE CINQUIÈME.

Au nom d'Othon, le vieux sire de Terride s'était relevé; et ayant ramassé son épée, il se rangea à côté de son fils, comme si sa présence lui eût rendu la force avec l'espoir.

En même temps, le beau jeune homme, dont tout ce qui s'était passé jusqu'à l'intervention du pélerin n'avait pas un moment détourné l'attention du manuscrit qu'il lisait, ce beau jeune homme, dis-je, vint se placer brusquement à côté du sir Guy de Lévis, et tira son épée sans prononcer une parole.

La comtesse Signis pâlit et tomba sur son siége, tandis qu'Ermessinde, à genoux devant elle, et la tête cachée dans son giron, s'écriait d'une voix lamentable :

— Oh! ma mère, ma mère, nous sommes perdues!

Au même instant, Guy, arrêtant le jeune homme qui s'était placé près de lui et qui semblait prêt à commencer l'attaque, lui dit d'une voix que n'avait point émue le danger qu'il courait :

— Laisse, enfant, ce n'est point à de nobles épées de chevaliers à se salir du sang de manans et d'imposteurs. Je te reconnais maintenant, maître pélerin; je t'ai vu à Rome; mais là tu ne portais ni épée, ni cotte de maille; tu n'y portais pas même le bourdon; tu portais l'habit de marchand et la valise sur le dos; je t'y ai acheté la plume que je porte à mon toquet, et tu peux reconnaître aux pans de la robe d'Ermessinde la broderie que tu m'as vendue alors.

— C'est vrai, dit le pélerin, et tu dois te souvenir sans doute aussi du jeune homme qui t'a mesuré cette broderie sur une canne de trois pans; eh bien ! ce jeune homme, il a changé la canne du marchand contre une épée double en longueur, et avec cette épée il a tenu enfermés dans le château de Beaucaire, Lambert de Limou et soixante des meilleures lances françaises.

Ce bel apprenti marchand était le jeune comte de Toulouse, et je ne rougis point d'avoir fait le métier que mon suzerain a honoré en le partageant.

— Eh bien! dit Guy de Lévis, suzerain marchand et vassal marchand dégradés de noblesse par le concile de Latran, que venez-vous faire ici?

— Nous venons en appeler du jugement des prêtres au jugement de Dieu, et moi je viens crier à tous ceux de ce pays le dernier mot que m'a jeté le jeune comte de Toulouse en signe d'adieu : qu'en la cour de Rome il n'y a plus ni Dieu, ni foi, ni loyauté, ni loi *.

— Paroles insensées! dit le sire de Lévis; et ne vous a-t-on pas déjà assez rudement châtiés de vos rebellions, que vous vouliez tenter encore une fois la

---

* E de la cort de Roma forment clamaretz que nous val Dieus, ni fez, ni cauzimens, ni leitz.

colère du comte de Montfort et celle de ses chevaliers?

Voulez-vous donc qu'il vous écrase jusqu'au dernier? et veux-tu, toi, que le château de ton père soit, comme tous ceux des barons de la Languedoc, démantelé jusqu'au sol et changé en ruines?

— J'aimerais mieux le voir en pareil état, messire Guy de Lévis, que de le savoir entre tes mains.

— Et il y serait depuis long-temps, si je n'avais ménagé ton vieux père par pitié pour sa faiblesse et par amour pour sa noble fille.

— Tu mens, sire chevalier, dit

Othon, et ce château, fût-il ainsi tombé dans tes mains, tu ne t'en croirais pas encore le maître, car tu es encore plus habile politique que grand donneur de coups d'épée :

Ne disais-tu pas ce soir même à l'abbé de Saint-Maurice :

« L'étoile de Montfort pâlit, et ceux
« qui n'auront en ce pays de châtelle-
« nies que par droit de conquête, cou-
« rent grand risque de les perdre avant
« qu'il soit peu, comme Montfort per-
« dra sa suzeraineté, malgré toutes
« les bulles du pape et de ses conciles.
« Aussi veux-je asseoir mes droits au
« château de Terride et au marquisat

« de Mirepoix, sur des titres plus cer-
« tains que ceux de l'épée : sur le ma-
« riage et l'hérédité. »

Mais le mariage ne se fera pas, et le droit d'hérédité m'appartient; et toi, qui avais si grande hâte de conclure ton union, pour retourner auprès de Montfort qui rappelle à lui tous ses chevaliers, pressé qu'il est de toutes parts par les Provençaux, tu n'iras point lui dire que non-seulement il ne recouvrera pas Beaucaire, mais qu'à l'heure qu'il est, Toulouse lui échappe, et rentre dans la possession de son vieux comte.

— C'est toi qui mens, cria Guy de

Lévis, que cette nouvelle troubla profondément; Toulouse est démantelée, elle n'a plus ni murs, ni créneaux, ni palissades, ni tours; elle n'a plus ni armes ni armures; elle n'a plus ni soldats ni barons; c'est un cadavre que nous avons frappé du talon, déchiré du fouet de nos chiens, et qui n'a pas remué.

— Mais le cadavre s'est relevé, dit Othon de Terride, car son âme est rentrée en lui avec le comte Raymond de Toulouse; et sa force, avec le comte Bernard Roger de Foix!

— Mon fils! mon fils! dit alors le vieux sire de Terride, raconte-moi toutes ces merveilles, pour que je ne meure pas avec le désespoir de voir notre terre en la possession des barbares, pour que j'aille porter, à ceux qui ont été au ciel devant nous, que la Languedoc a enfin relevé sa bannière et sa double croix rouge.

— Mon père, vous entendrez ce récit dans quelques heures, car avec vous d'autres auditeurs doivent m'entendre, et le sire Guy de Lévis va tout à l'heure donner l'ordre à ses hommes de leur en ouvrir les portes.

— Faites-le, dit tout bas la comtesse Signis au sire Guy.

Un regard d'Ermessinde lui adressa la même prière, et tout aussitôt Lévis dit à son jeune compagnon d'un air tranquille :

— Va, Michel, donne à mes hommes l'ordre d'ouvrir la poterne, et je ne demande d'autre condition pour eux que de sortir libres de cette enceinte où mon imprudence les a entraînés.

— Ni toi ni eux n'en sortirez, dit Othon, mais tous vous aurez la vie sauve.

Crédo, prends l'épée de ce chevalier et conduis-le avec deux des tiens à la salle du Paon; elle est, si je m'en souviens, de bonne garde pour ceux qu'on y enferme. Et vous, jeune homme, ajouta-t-il en s'adressant à celui que Guy avait appelé Michel, venez sous mon escorte donner l'ordre que vous venez de recevoir.

Michel se tourna vers le sire de Lévis qui lui dit d'obéir, tandis que les deux comtesses échangeaient des signes avec le prisonnier.

— Quant à toi qui m'as dit mon nom, maure ou chrétien, je te laisse en cette salle avec ces deux archers pour empêcher ces femmes de commettre quelque trahison en notre absence...

Car, hélas! je le vois, ajouta-t-il en se tournant et en voyant son père retombé sur son fauteuil, celui qui devrait commander ici n'a plus la force même de supporter une espérance.

— Je ferai ce qu'il faudra, répondit cet homme.

— Dis-moi donc qui tu es, pour que j'apprenne au comte de Toulouse, quand il en sera temps, quel fidèle serviteur ou quel fidèle allié il doit récompenser.

— Je n'ai plus de nom parmi les hommes, si même j'en ai jamais eu un. On m'a appelé Buat, on m'a appelé l'OEil-Sanglant, on m'appelle ici Ben-Ouled; mais ceux qui savent pourquoi je vis, m'ont nommé le Couteau-de-Merci.

A ce nom, Guy de Lévis se retourna et regarda cet homme d'un air de dégoût.

Puis un sourire amer erra sur ses lèvres. Son regard chercha l'enfant qui se tenait éveillé sur les genoux d'une femme, et il sortit d'un air calme.

Une heure s'était à peine écoulée, que la poterne avait été ouverte, et que plus de dix chevaliers, suivis chacun d'un certain nombre d'hommes, avaient pénétré dans le château.

Ceux de Guy avaient été enfermés dans une des salles de la deuxième enceinte, et, les gardes nécessaires ayant été posés aux endroits convenables pour se munir contre toute surprise, les chevaliers se rendirent tous dans la salle où s'était passée la scène précédente, les nobles du côté occupé par le seigneur, et les comtesses, les suivans d'armes, écuyers et autres derrière la barricade.

On avait rallumé le feu, remplacé les cierges et bougies, et chacun ayant pris place, l'un des chevaliers se leva et dit :

— Tu t'es présenté à chacun de nous avec un parchemin à cachet portant les armes du comte de Toulouse, nous priant d'avoir foi en tes paroles.

Tu nous a mandés ici pour cette nuit, et nous sommes venus, car s'il nous eût répugné d'obéir à l'ordre d'un suzerain qui a livré la Languedoc aux barbares, nous n'eussions pas voulu repousser l'ordre d'un père qui nous implore au nom de son fils.

— Il faut que vous sachiez, barons, quel est ce fils et ce qu'est devenu le père, et ensuite vous déciderez ce que vous voulez faire.

Écoutez donc le récit d'un homme qui, chassé et proscrit de ce pays, n'a pu apprendre ses infortunes sans se sentir dévoré du désir de leur porter remède, quoique cette terre lui ait été plus inhospitalière qu'à vous, quoique ce suzerain ait abandonné son droit et confirmé son exhérédation.

Un silence profond s'établit, et voici quel fut le récit d'Othon de Terride.

# CHAPITRE SIXIÈME.

J'étais à la cour d'Angleterre, barons, lorsqu'il y a un an, un jour que nous étions en chasse avec le roi Jean, un enfant de mine modeste et comme il convient à ceux qui ont un courage véritable, vint auprès de Sa Majesté, et lui tendant une lettre, il lui dit :

— Lisez cette lettre, monseigneur, et dites-moi si je dois reprendre ma route.

— Qu'est ceci? fit le roi qui était d'humeur craintive. N'y a-t-il aucun maléfice en cette lettre?

Lors se tournant vers moi, il me dit :

— Prends-en lecture, Othon, et nous répondrons ensuite.

Je pris la lettre, et je ne puis vous dire quel tressaillement me prit à la vue de la double croix de Toulouse pendante au parchemin.

C'était le cachet du suzerain qui avait, vingt ans avant, rejeté ma prière, quand mon père, fasciné par un fatal amour, me fit déclarer traître et félon pour garder sa châtellenie aux enfans à venir de sa nouvelle épouse.

Une colère terrible s'empara de moi, et si ce n'eût été la jeunesse du messager, je l'eusse provoqué comme responsable des injustices de son maître; cependant je lus la lettre, et à mesure que je la lisais, à mesure que je voyais détaillés devant mes yeux les malheurs de la patrie, je sentis cette colère s'amollir; puis enfin quand je lus que ce noble enfant qui avait traversé l'Aquitaine, la Bretagne et la Normandie, à pied, seul, et vivant d'aumônes, était le fils du puissant comte Raymond, duc de Narbonne, marquis de Provence, cette haine se fondit en larmes, et le roi m'interrogeant d'un air étonné, je lui répondis :

— Cet enfant qui est là, couvert de sueur et de poudre, avec des habits déchirés, est le fils de votre sœur Jeanne. C'est le jeune comte Raymond de Toulouse.

Tous les barons anglais se regardèrent, touchés de tant de misère avec un si grand nom, et de tant de courage avec un si grand malheur.

Chacun voulait partir et suivre le noble enfant; mais après le premier élan de cette pitié, quand vint l'heure des conseils, le secours ne la suivit pas, si bien, mes maîtres, que le jeune comte ne recueillit de tant de belles promesses que des lettres du roi pour Sa Sainteté Innocent III, et quelques livres sterling pour qu'il pût se rendre en meilleur équipage au concile assemblé pour juger ses droits. Mais pas un seul chevalier ni baron ne lui offrit ni son appui ni sa lance.

Aucun n'y était tenu, et la générosité est libre; mais j'eusse mérité de voir briser mes éperons par la main du bourreau, j'aurais mérité le jugement que l'amour aveugle d'un père arracha à l'indolence aveugle du suzerain, si j'avais vu tant de malheur et tant de résignation, avec tant de persévérance, sans retrouver en mon cœur le souvenir de la foi dont on m'avait délivré.

Sires barons, je possède en Angleterre trois châtellenies qui valent chacune trois fois celle-ci ; je les remis au roi Jean pour la remise du serment que je lui avais fait, et je partis comme serviteur et domestique du jeune comte, quoiqu'en apparence je fusse son maître ; car, messires, il ne faut point croire que, pour traverser la France et la Bourgogne, ses ennemies, et la

Provence, son ancienne terre, il ait voyagé comme un seigneur de tant de comtés eût dû le faire, s'il restait en ce monde ombre de loyauté et de justice; non! travestis, moi sous l'habit d'un marchand, lui sous celui d'un apprenti, nous avons fait à pied le voyage jusqu'à Rome; si bien qu'en arrivant dans cette ville, nous fûmes arrêtés par des Français, par le sire Guy de Lévis lui-même, qui était là tout à l'heure, et qu'il fallut lui donner la broderie d'or qu'il destinait à celle qu'on appelle ma sœur.

Or ce fut alors que le jouvenceau que ma prudence avait peine à calmer, brisa sa canne et me dit :

— Oh! je mesurerai moins long de terre au maître de cet homme que je ne lui ai mesuré de broderies ; il n'en aura que six pieds, ce qu'il faut pour un cadavre, ou je serai mort avant un an.

Ah! le sang provençal parlait en lui en ce moment, et ce qu'il a fait et que vous allez entendre vous apprendra que ce n'est pas vanterie.

Alors nous entrâmes à Rome où se trouvaient déjà les comtes de Toulouse, de Foix et de Comminges.

Ce n'est pas ainsi qu'ils nous attendaient, ne pouvant s'imaginer qu'un roi et un oncle n'osassent pas mieux protéger le fils de sa sœur et le seigneur qui en avait appelé à sa justice. Mais telle fut cependant notre arrivée.

Et si notre séjour ne fut pas si misérable que notre voyage, cela tient à des causes qui ne sont à l'honneur ni du saint père ni d'aucun baron romain.

— Ce sont ces causes sur lesquelles nous voulons être instruits, dit une voix grave et mâle; car ayant été en pourparlers avec des chevaliers français, j'en ai entendu faire d'étranges récits.

— Sire Guillaume de Minerve, reprit Othon, crois-tu la langue des Français plus loyale que leur épée? et penses-tu qu'ils ne s'entendent pas aussi bien à ruiner la fortune d'un ennemi, par la calomnie, que par les armes ?

— Je connais les Français mieux que toi pour les avoir combattus face à face depuis bientôt dix ans; mais je connais encore mieux le sang de Raymond, de ce traître comte qui nous a livrés le premier à l'invasion des barbares, toujours prêt à se vendre à qui peut lui profiter, qui a promené son hommage de Philippe de France à Richard d'Angleterre, et qui l'offrirait à quelque roi sarrazin de l'Espagne, s'il le croyait nécessaire à quelque nouvelle trahison.

— Je parle du jeune comte son fils, messire, dit Othon; je parle de ce que j'ai vu, et non de ce qu'on me rapporte.

— Eh bien! sire baron de Terride, vous êtes Anglais plutôt que Français et que Provençal, et quoique vous fassiez semblant de vous plaindre ici de la couardise et de l'avarice du roi Jean, peut-être n'avez-vous pas tant à le blâmer en secret.

Le voyage a été rude, et il ne pouvait être autrement ayant à traverser des terres ennemies; mais le séjour a été splendide, grâce à qui, sire de Terride? grâce à la comtesse de Norwich, dont la fille Régina tient de si près au roi Jean que le comte de Norwich a répudié sa femme, et l'a renvoyée à Rome où il l'avait prise lorsqu'il avait été y faire pénitence pour s'être battu un vendredi saint.

Or, messire de Terride, le roi d'Angleterre aime assez cette fille pour lui souhaiter un mari comme le jeune comte de Toulouse et aider ce mari à devenir riche et puissant; mais le roi d'Angleterre connaît trop bien la valeur de toutes choses pour donner son secours par pure générosité ou par amour paternel, et s'il aide son gendre à reprendre ses comtés, c'est qu'il est peut-être convenu d'avance que ce gendre lui en fera hommage et abandonnera la suzeraineté du roi de France pour la sienne.

Voilà pourquoi nous tenons à savoir les causes véritables de ce splendide séjour à Rome.

Othon écouta les paroles de Guillaume de Minerve d'un air soucieux et contrarié; puis, ayant gardé un moment le silence, il laissa venir un léger sourire sur ses lèvres, et sa figure prit une expression railleuse et gaie.

— Sires barons, dit-il, lorsque, chassé de la Provence, je m'en allai de ville en ville jusqu'à Bordeaux où était la fleur de la chevalerie du monde, le roi Richard, je n'avais, pour me faire accueillir, ni nom, ni grands faits d'armes à invoquer; mais j'avais emporté avec moi de ce pays la gaie science des jongleurs, qui y semble un don de nature, et je vous jure qu'en ce temps-là j'aurais payé cher pour pouvoir raconter une aussi gracieuse et sincère aventure d'amour que celle du jeune comte et de la belle Régina; car, sur mon âme, je vous le jure, c'est seulement une aventure d'amour.

— Eh bien! crièrent quelques voix, dites-nous-la, sire de Terride.

— Qu'il nous l'explique comme un homme de sens et de vérité, dit Guillaume de Minerve, et nous jugerons ce qui en est.

— Non, s'écria-t-on de tous côtés, qu'il nous la conte; comme bon trouvère, qu'il nous la dise en chanson, et nous jugerons encore mieux.

A ce vœu tumultueusement exprimé par tous les chevaliers se mêla le murmure suppliant de tous les hommes d'armes et servans qui étaient de l'autre côté de la balustrade, et Othon, jugeant que peut-être il obtiendrait plus de cette chanson que de son grave récit, fit un geste de contentement.

— Ah! s'écria Guillaume de Minerve, chevaliers provençaux, ne changerez-vous jamais ? Vous donneriez la vie de vos enfans et l'honneur de vos femmes pour une chanson, et vous oublierez le combat pour les contes d'un jongleur.

— Nous avons le temps pour tout, dit Terride, et ce conte ne sera pas inutile, car il vous apprendra à connaître que si, avec le jeune Raymond, la justice et l'équité doivent rentrer en Provence, la courtoisie et la galanterie, chassées par les barbares Français, y reviendront aussi avec lui.

Un murmure flatteur accueillit ces paroles; chacun se pencha vers Othon d'un air plus attentif que lorsqu'il parlait des destinées de la Provence, et le sire de Terride commença ainsi, parlant en vers rimés et les déclamant d'une façon chantante :

CHAPITRE SEPTIÈME.

— Le lendemain de son arrivée, le vieux comte Raymond avait dit à son fils :

« Va chez l'évêque d'Osma pour lui

» remettre la lettre du roi Jean; abor-
» de-le avec soumission et respect, car
» c'est un homme qui aime qu'on le
» prie; et plus tu te montreras humble
» et pauvre, plus il tiendra à honneur
» de te favoriser.

» Il est de ceux qui refusent la jus-
» tice à ceux qui la demande la voix
» haute, et qui donne l'impunité à
» qui la sollicite à genoux. »

Le jeune comte se dirigea vers le palais de l'évêque-cardinal, quoique avec regret; car il n'était pas d'une âme à plier sous son infortune; mais les avis de son père et les conseils des autres comtes, ses amis, le déterminè-rent, et il partit.

Le palais du cardinal était éloigné de plus de deux milles de la ville, si bien que lorsque le jeune comte arriva, après avoir fait la route à pied par un soleil brûlant, il se trouva si fatigué qu'il eut à peine la force de dire à un clerc de remettre son message à l'évêque, et qu'il s'endormit sous la galerie ouverte et parfumée de fleurs où il attendait le moment d'être introduit.

L'évêque, homme fier et vain appelé au concile, sortait en ce moment, accompagné de la comtesse de Norwich, sa sœur, et de Régina sa nièce, la fille de la comtesse, disant qu'il verrait le jeune comte en passant comme il eût fait pour un suppliant de basse extraction.

Lorsqu'il fut arrivé avec sa suite sous la galerie, le clerc chercha des yeux le jeune comte, et, le voyant endormi, il allait le secouer rudement pour l'éveiller, mais la comtesse de Norwich l'arrêta en s'écriant d'une voix émue :

« Pauvre bel enfant ! »

Elle avait bien dit, car jamais plus noble beauté ne se montra sous un habit plus simple, pour ne pas dire plus misérable. L'évêque lui-même, tout dur qu'il était, ne put s'empêcher d'avoir un moment de commisération pour son air de souffrance ; car à la vive rougeur qu'avait d'abord excitée la marche, avait succédé une triste pâleur et un froid douloureux.

Le seigneur évêque passa donc sans qu'on éveillât le jeune Raymond et ordonna seulement qu'on lui dit d'attendre son retour.

Cependant la comtesse, qui était une femme pleine de bonté, mais qui se plaisait à de folles imaginations, fit enlever doucement le beau dormeur par ses femmes, qui ne trouvaient pas trop lourd le poids d'un si gentil chevalier, et le fit déposer en un cabinet tout pavé de mosaïques tout tapissé de peintures et sur un lit tout de duvet et de soie.

Puis la comtesse et sa fille, qu'elle aimait avec plus de tendresse que de prudence, s'étant vêtues de longues tuniques blanches et de voiles sévères, se placèrent à côté de son lit pour voir quel serait son étonnement et son trouble en se voyant en un lieu inconnu.

Bientôt, en effet, le jeune comte sortit de son pesant sommeil, et se rappelant confusément le sujet de son voyage, il se leva d'un seul bond et demeura confondu en voyant cette chambre étroite et close au lieu de la galerie vaste et ouverte où il se rappelait s'être endormi.

S'il eut un moment de crainte, car personne ne peut dire que jamais un mouvement de crainte soit entré dans ce jeune cœur, il s'effaça bien vite à l'aspect de cette douce prison et de ses belles gardiennes.

Le jeune comte les contempla un moment avec une appréhension respectueuse, puis avec une amoureuse dévotion, et, s'étant mis à genoux, fasciné par tout ce qu'il voyait, il se prit à dire :

— Saintes habitantes du ciel, êtes-vous donc venues sur la terre pour protéger un infortuné ?

— Pour qui nous prends-tu donc ? dit de sa douce voix Régina, qui eut peine à retenir un sourire.

— N'êtes-vous pas, dit le comte agenouillé, et les larmes aux yeux, la Vierge sainte, mère du Seigneur Jésus-Christ, et celle qui vous accompagne n'est-elle pas Marie-Madelaine, la pécheresse ?

La comtesse Livie de Norwich se mordit les lèvres de dépit.

Mais elle n'était pas femme à se courroucer pour long-temps d'une méprise qui ressemblait à la vérité, à la pénitence près ; car elle ne se cachait pas de cette vérité, et n'était pas célèbre seulement par ses amours avec le roi Jean.

— Tu as dit vrai, jeune homme, reprit-elle, et notre protection ne te manquera pas, si tu en es digne par ta valeur comme par ton lignage, par ta courtoisie envers les dames comme par ta beauté.

— Hélas ! dit le jeune comte, je n'ai encore pu apprendre des devoirs d'un chevalier que ce qu'en enseignent la misère et l'exil : le courage et la constance à souffrir. Mais vienne le jour où j'aurai reconquis mon héritage, et je fais vœu de bâtir une église sous l'invocation de Notre-Dame-de-Bon-Secours, et de la Madeleine repentante

— Ce n'est point assez, beau chevalier, dit la comtesse ; tu feras ouvrir un pas d'armes où tu soutiendras contre tous ceux qui se voudront présenter que nulle dame vivante n'est plus belle que la Vierge sainte, mère du Seigneur.

— Et que sa compagne Marie-Madeleine, ajouta Régina, pour flatter la vanité de sa mère.

— Ainsi ferai-je, dit le jeune comte avec humilité.

— Tu porteras donc, lui dit la comtesse, le titre de chevalier des Dames du Ciel, et tu n'auras que leur amour dans le cœur.

Raymond en fit serment d'une foi sincère, et sans prévoir ce qui pourrait lui en advenir. Puis, après qu'elles l'eurent interrogé sur son voyage et ses espérances, tandis qu'il demeurait toujours agenouillé et la tête baissée, elles laissèrent le comte tout seul dans l'obscurité, car la nuit était venue.

Puis tout à coup le jeune comte se sentit saisi par des mains robustes, et enlevé avec rapidité; et lorsqu'on lui eut rendu la liberté, il se trouva sur le chemin de Rome.

Comme il cherchait à se reconnaître, un homme lui glissa ces mots dans une oreille :

« Si tu veux revoir la bienheureuse
« Madeleine, va la prier dans l'église
« de Saint-Pierre. »

Et une voix plus douce lui murmura dans l'autre :

« Si tu veux revoir la bienheureuse
« Vierge, va la prier à la chapelle de
« la Visitation. »

Avant qu'il eût le temps de répondre, une troisième voix, mais haute et impérative, lui cria :

— Prends ce cheval et ce qu'il porte;

mais sur ta vie, ne reviens jamais en ce palais.

Presque aussitôt tout le monde s'était éloigné, et il se vit seul.

Un cheval bien caparaçonné était sur la route. A la selle pendait un sac de velours rempli de pièces d'or.

Le jeune comte revint à Rome où il retrouva ses compagnons, à qui il raconta l'apparition qu'il avait eue.

Le comte de Comminges en voulut rire, mais le vieux comte de Toulouse, plus sage et plus avisé, y vit un signe manifeste, que, si la protection des évêques manquait à la cause du jeune comte, celle du ciel, qui est bien différente, ne leur manquerait pas.

Cela le reconforta pour paraître le lendemain devant l'assemblée des évêques, qui se tenait au palais de Latran, près de la porte Latine.

Or, après y avoir comparu, et comme le jeune comte...

— Sire de Terride, dit Guillaume de Minerve en se levant, puisque ces chevaliers ont voulu une chanson d'amour avant un récit sérieux, ne rejette pas tout-à-fait celui-ci pour une heure où nous ne pourrons plus l'entendre, et conte ces choses comme elles sont arrivées.

Que se passa-t-il dans cette entrevue ?

— Soit, dit Othon charmé de pouvoir reprendre son récit, je vous montrerai ce qui s'est passé aux yeux de tous, et je vous dirai ensuite ce secret qui, je le vois, a été calomnié.

Il s'arrêta un moment, et reprit :

— Lorsque les comtes de Toulouse, de Foix et de Comminges parurent devant le concile, huit cents évêques ou abbés étaient présens, et jamais plus magnifique spectacle ne s'offrit aux yeux d'un homme : tous vêtus de rouge et de violet, portant la mître, l'aumusse et la crosse, rangés dans la basilique constantinienne, sur des gradins revêtus de pourpre, tandis que le Saint-Père, assis sur une chaise d'ivoire et sous un dais de brocard d'or, était placé au milieu du chœur.

Le vieux comte de Toulouse, qui reconnut parmi tous ces assistans la plupart de ceux qui l'avaient condamné, lui et les siens, au concile de Saint-Gilles, entra d'un air humble et soumis, tenant son fils par la main, et tous deux s'allèrent jeter aux pieds de notre seigneur le pape, qui les releva avec bonté et embrassa le jeune comte.

Mais le vaillant Roger Bernard de Foix parut la tête haute, le regard fier, la main sur la poignée de son épée, et resta debout au milieu de l'assemblée.

Puis le Pape ayant donné licence au comte de Toulouse d'exposer ses griefs, celui-ci répondit modestement qu'il avait le cœur trop ulcéré pour être sûr de se contenir dans un langage modéré, et qu'il avait chargé le comte Roger-Bernard de faire valoir leurs droits.

— Sans doute, dit Guillaume de Minerve de sa voix grondeuse et rude, pour pouvoir renier les paroles du loyal comte de Foix si besoin était, et pour se séparer de lui si quelque nouvelle trahison lui promettait meilleure chance de succès.

— Guillaume, dit le Maure Ben-Ouled, tes malheurs ne sont pas plus grands que ceux d'aucun de nous, pour te rendre plus sévère que nous ne le sommes; écoute donc en silence, comme nous faisons.

— Mais qui es-tu, toi? dit Guillaume, Sarrazin, qui te vantes d'avoir souffert de nos malheurs? Et comment se fait-il qu'un homme de la sorte soit dans cette assemblée? Qui t'y a amené? Es-tu au service du sire de Terride?

— J'ai trouvé cet homme en ce château, répartit Othon, et il m'y a prêté secours pour arrêter le sire Guy. Il m'a dit se nommer.....

— Garde mon nom pour toi, sire de Terride, dit Ben-Ouled. Je le dirai à tous quand il en sera temps.

— Continuez, continuez, dirent les autres chevaliers, à qui cette interruption déplaisait, et le sire de Terride reprit :

Le comte de Foix s'étant avancé au milieu de l'assemblée, tint alors ce discours d'une voix mâle et ferme :

« Seigneur, vrai pape de qui le
« monde entier relève, et qui as été
« élevé sur ce siége pour maintenir ses
« intérêts, nous sommes venus, moi, le
« puissant comte, mon seigneur, et son
« fils, pour réclamer notre droit. Le

« puissant comte mon seigneur, s'est
« mis, lui et sa terre, à ta merci, et t'a
« rendu la Provence, Toulouse et Mon-
« tauban; et moi-même, à ton ordre,
« j'ai rendu mon château de Foix avec
« sa noble forteresse, château si fort,
« qu'il se serait de lui-même défendu;
« où tout abondait, le pain et le vin,
« la viande et le froment, l'eau et le
« feu, où j'avais maints braves compa-
« gnons et de nombreuses armures, et
« que je ne craignais pas de voir pren-
« dre par la force.

« Eh bien! depuis que nous sommes
« sous ta protection, comme avant,
« les habitans sont partout livrés au
« supplice et à la mort par le plus mé-

« chant des hommes, par Simon de
« Montfort ; les barons sont dépouillés
« de leurs terres, les citadins de leurs
« droits, et tous sont à la merci du
« bourreau, sous prétexte d'un crime
« d'hérésie que je démens ici pour moi,
« pour le comte mon seigneur, et qu'il
« n'est point nécessaire de démentir
« pour son fils, puisque lorsqu'ont com-
« mencé la guerre et la persécution, il
« était d'âge si tendre, qu'il n'a pu fail-
« lir ni contre l'Église ni contre per-
« sonne.

« Ce récit étant vrai, je te demande
« pour l'honneur de quel saint et le
« droit de quel suzerain tu approuve-
« rais que Raymond, pour ne parler

« que de lui, fût dépouillé de ses villes
« et de ses terres en faveur d'un men-
« diant anglais qui a surpris l'honneur
« de la noblesse de France, et qui a
« acheté les prédications de tes évê-
« ques.

« A ces mots, un grand murmure
« s'éleva, et Foulques, l'astucieux évê-
« que de Toulouse, l'ennemi implaca-
« ble du comte, l'émissaire de Simon
« de Montfort, se leva hardiment, et
« coupant la parole à Roger Bernard,
« il s'écria :

« — Tu l'entends, seigneur pape, le
« blasphème étouffe la prière dans sa
« bouche.

« Il dit qu'il n'a point participé au
« crime d'hérésie, et moi je vous dis
« que c'est dans sa terre que l'hérésie
« a jeté les plus profondes racines; elle
« était pleine de Vaudois pour lesquels
« il a fait bâtir le château de Mont-
« Ségur afin de les y réfugier.

« Sa sœur était l'âme des conseils
« des hérétiques, et lui, le comte de
« Foix, au lieu de la bannir, il l'a logée
« et nourrie en son château de Saver-
« dun; et lorsque tes pélerins, tes croi-
« sés sont venus pour punir et anéan-
« tir l'hérésie, il s'est mis en campagne
« contre eux, et en a tant tué, tant
« taillé en pièces, tant massacré, que
« leurs ossemens ont fait une croûte

« blanche sur la campagne de Mont-
« joie, sans compter les mutilés, les
« aveugles, les manchots, tous ceux
« qu'il a martyrisés.

« Donc je dis que cet homme ne doit
« plus avoir terre en ce monde, et qu'il
« aura la damnation éternelle en l'au-
« tre.

« Un murmure de satisfaction ac-
« cueille les paroles de Foulques; mais
« à ce murmure, le front du pape se
« rembrunit; il impose silence à tout
« le monde du geste et de la voix, et
« ordonne au comte de répondre.

« Celui-ci, plus fier, plus calme, plus
« assuré que jamais, reprend aussitôt :

« — Non, je n'ai point aimé et pro-

« tégé les hérétiques, ni les novices, ni
« les parfaits ; je n'ai point fait bâtir
« le château du Mont-Ségur pour eux,
« car ce château n'est point sous ma
« dépendance ni sur mes terres. Si
« ma sœur a péché, je n'en suis point
« cause ; et si elle a habité l'un de mes
« châteaux, c'est qu'elle en avait le
« droit, car le comte mon père voulut
« que ceux de ses enfans qui vou-
« draient vivre sur la terre où ils é-
« taient nés y fussent protégés et ac-
« cueillis par celui qui la tenait comme
« suzerain, et que je n'ai pas l'habitude
« de rejeter le droit d'autrui comme
« une chose sans valeur parce qu'il me
« porte préjudice.

« Je vous le jure par le Seigneur qui
« fut mis en croix, jamais bon pélerin
« ou Romieu paisible, cheminant pieu-
« sement vers quelque saint lieu, n'a
« été repoussé ni molesté par moi ou
« mes hommes.

« Mais ces voleurs, ces traîtres sans
« honneur et sans foi, portant cette
« croix qui nous a écrasés, il est vrai
« qu'aucun n'a été pris par moi ou les
« miens qu'il n'ait perdu les yeux, les
« pieds, les mains; je n'en ai rencontré
« nulle troupe que je n'y ai frappé jus-
« qu'à ce que ma lame ait été brisée ou
« mon bras pendant de fatigue.

« Et si j'ai quelque joie en la dou-

« leur où je suis de voir la misère de
« monseigneur le comte, c'est d'en
« avoir tant tué et détruit; et si quel-
« que regret trouble cette joie, c'est de
« n'en avoir pas tué davantage; et si
« quelque désir me reste, c'est d'exter-
« miner tous ceux qui ont échappé ou
« fui jusqu'à ce jour.

« Foulques voulut se lever à cette
« parole; mais le comte continua d'un
« air fier et méprisant :

« Quant à cet évêque qui parle si
« haut, je vous dis, moi, qu'il nous a
« tous trahis; car le voilà, lui, qui,
« grâce à ses chansons de jongleur qui
« perdent quiconque les lit et les

« chante, nous a si bien extorqué les
« présens et les bijoux, que de bateleur
« il s'est fait moine, de moine abbé,
« d'abbé évêque, et qu'il est devenu,
« après avoir partagé la livrée des va-
« lets de mes chiens, un si puissant
« personnage, que personne ici n'ose
« se lever pour le contredire.

« Et cependant c'est lui qui a allu-
« mé dans le pays de Toulouse un tel
« feu, que toute l'eau de tes baptistè-
« res ne pourront l'éteindre. Et c'est
« un pareil monstre que vous appelez
« un légat de Rome.

« Quant à moi, j'ai refusé de remet-
« tre mon château en ses mains pour

« le compte du seigneur pape, car je
« le tiens pour un mécréant qui vole-
« rait le Christ lui-même.

« Je l'ai remis de bonne volonté à
« l'abbé de Saint-Tibère, et c'est à toi
« que je le réclame, seigneur pape, car
« celui qui retient indûment ce qui lui
« a été remis de bonne foi, ment à sa
« parole et dégage tout homme de ses
« sermens.

« Une fois encore les évêques ré-
« pondirent par mille murmures me-
« naçans au discours du comte de
« Foix ; mais une fois encore Innocent
« arrêta l'élan de leur colère, et s'a-
« dressant au comte, il lui dit :

« — Tu as justement discouru en

« faveur de ton droit ; mais tu as trop
« méconnu le nôtre, car tu oublies que
« vous êtes appelés tous ici pour ré-
« pondre à l'imputation d'hérésie pour
« laquelle vous avez été déjà condam-
« nés ; donc, avant de demander tes
« terres, il faut que l'absolution te soit
« accordée.

« — Et vous ne pouvez la lui accor-
« der, dit Foulques, la pâleur de la
« colère sur le visage. Il est hérétique
« dans l'âme et dans le fait, mécon-
« naissant les jugemens des évêques,
« donnant asile aux bandits condam-
« nés, et à leurs enfans quand ils sont
« morts.

« — Tu m'en fais souvenir à pro-

« pos, s'écria le comte de Foix; oui,
« j'ai donné asile aux fils de ceux que
« vous et cette exécrable race de Fran-
« çais vous avez condamnés; oui, sei-
« gneur pape, j'ai recueilli dans mon
« château l'enfant du noble Roger, le
« vaillant vicomte de Béziers, que Si-
« mon de Montfort a empoisonné, ne
« pouvant le vaincre; et je vois d'ici le
« fou furieux qui, sachant que la vi-
« comtesse de Béziers portait en son
« sein un héritier des comtés de son
« époux, accusa d'hérésie, convainquit
« de ce crime et fit déclarer incapable
« d'hériter l'enfant qui n'était pas né.
« C'est pour toi que je parle, frère Do-
« minique.

« Ah! depuis qu'en face de la chré-
« tienté le vicomte Roger, cette fleur
« du courage et de la courtoisie, a été
« martyrisé, toutes les splendeurs des
« nobles vertus sont amoindries, com-
« me si de chaque couronne il était
« tombé son plus brillant diamant.

« Mais enfin, puisqu'il est mort, ne
« rendras-tu pas sa terre à son fils dés-
« hérité? Il y va de ton honneur; car
« je renvoie à ton âme toutes les fautes
« que pourra commettre la victime qui
« n'aura trouvé devant les hommes ni
« justice ni équité.

« Rends-lui tout sur l'heure, terre
« et seigneurie, ou bien je te rede-

« manderai tout au jour du juge-
« ment, ce jour où tu seras jugé. »

Comme le sire de Terride répétait d'un ton fier et sauvage le discours du comte, une voix exaltée et pleine de larme à la fois s'écria :

— Noble comte de Foix, noble comte, tu m'as tenu parole !

Tous les chevaliers, déjà émus par ce récit, furent tellement saisis par cette exclamation, qu'ils s'écrièrent tous avec de grands battemens de main :

— Honneur au comte de Foix ! c'est le brave et le fier, l'invincible et le juste!

— Continue, reprit vivement Guillaume de Minerve; que répondit le seigneur pape à cette parole ?

— Un seul mot triste et décevant :
« Justice sera faite. »

Puis il se retira dans ses jardins où trois cents abbés et évêques l'ayant suivi, ils changèrent en crainte ses bonnes dispositions, lui remontrant les services de Simon de Montfort, l'obsédant de prières, de larmes, de menaces, jusqu'à ce qu'il prît le parti de laisser à Simon la terre de la Languedoc, réservant seulement au jeune comte la Provence, qui est au pouvoir de Simon comme tout le reste.

Puis il a absous les quatre comtes et les a reçus bons catholiques.

— Indigne et illusoire justice! s'écria-t-on.

— Pauvre bienfait! dit Guillaume.

— Tout est perdu! dirent les chevaliers.

— Ah! reprend Othon en se levant avec énergie, tout est gagné. Il n'y a plus de crime d'hérésie, donc il n'y a plus de prédicateurs, il n'y a plus de croisade; car j'ai encore les dernières paroles du seigneur pape dans les oreilles, le jour de la dernière audience :

« Il est temps que cessent ces déso-
« lations dont nous sommes tous fort
« blâmés, moi, plus que vous, sei-
« gneurs évêques; il est temps de fer-

« mer les blessures de ces populations
« dont l'âme pleure et dont le cœur
« saigne.

« Allez donc porter à ces malheu-
« reux pays la concorde et la paix.
« Recommandez la foi au Seigneur, et
« ne faites pas en son nom des choses
« qu'il a défendues. Quiconque en prê-
« chera davantage, le fera contre ma
« volonté. »

J'étais présent aussi lorsque le comte
de Toulouse lui a dit :

« Seigneur pape, la faute en est à toi
« si je n'ai plus de terre ce que j'aurais
« pu en franchir dans mes jeux d'en-
« fant ; la faute en est à toi si je ne sais
« où poser le pied ; c'est pour t'avoir

« rendu mes villes que je suis en telle
« détresse, que je n'ai plus ni asile ni
« pain; que toutes nos fautes retom-
« bent donc sur toi! »

« — Vieillard, lui répondit douce-
« ment Innocent, le visage plus triste
« qu'irrité, ces félons d'évêques m'ont
« forcé de mentir à la justice; mais
« prends patience, toi et moi nous en
« serons bientôt vengés. Laisse-moi ton
« fils. Je lui ferai un héritage; je lui gar-
« de la terre du Venaissin, Avignon et
« Beaucaire, jusqu'à ce que je voie si je
« peux lui rendre tout. En attendant,
« que Simon garde la Languedoc. »

« — Seigneur, dit l'enfant, il n'y a
« pas de partage possible entre un

« homme de Wencester et moi; et
« puisque tout se décide par la guerre,
« à ce que je vois, je ne te demande
« que la faveur d'en appeler à mon
« épée; car il n'y eût jamais eu d'hom-
« me assez puissant pour renverser
« Toulouse, si l'Église n'existait pas.

« Mais ma cause est si juste, que je
« la soutiendrai contre les ennemis les
« plus fiers, et nous reconquerrons
« Toulouse la belle ville.

« Tu as assez fait pour nous; tu nous
« a délivrés des chaînes qu'attachait à
« notre cou l'accusation du crime d'hé-
« résie; et maintenant, gare aux tigres
« qui dévorent mes provinces : les
« lions sont lâchés! »

De nouveaux applaudissemens éclatèrent de toutes parts ; mais presque aussitôt un effroyable tumulte, venu du dehors, couvrit les cris de joie des chevaliers.

Voici quelle en était la cause.

Trois hommes voulaient pénétrer dans la salle ; et comme le côté de la galerie par où ils entraient était occupé par les servans des chevaliers qui ne les connaissaient pas, ceux-ci les repoussaient, ce qui causait le tumulte qu'on avait entendu.

Cependant une voix creuse s'écria avec un accent terrible :

— Comte de Terride, seigneur comte, la malédiction du ciel t'a-t-elle rendu sourd, et ne reconnais-tu pas la voix de tes vieux serviteurs?

Le vieux comte de Terride, qui, pendant le récit de son fils, était resté dans un abattement profond et comme insensible à tout ce qui se passait autour de lui, tressaillit à cette voix, et se relevant du siége où il était affaissé sur lui-même, il répondit d'une voix sépulcrale, l'œil égaré et le corps agité d'un tremblement nerveux :

— Que me demandes-tu, Manuel ? Je suis à la merci de chevaliers félons qui parlent de la justice de Rome et qui commandent dans mon château. Je ne puis rien, Manuel; va demander protection aux Maures d'Espagne plutôt qu'aux chevaliers de la Languedoc!

— Laissez approcher celui qui se dit le serviteur de mon père, cria Othon, tandis que le Maure Ben-Ouled s'approchait du vieillard et lui faisait reprendre sa place.

A l'ordre d'Othon, les rangs s'ouvrirent et l'on vit s'approcher celui qui s'appelait Manuel, vieillard de soixante ans, à la tête blanche, mais droit et plein encore de vigueur.

Après lui venaient ses deux fils, Robin et Gautier, portant sur leurs bras le corps de Guillelmète ayant toutes les apparences de la mort.

— Que veux-tu et que demandes-tu? lui dit Othon; pourquoi viens-tu troubler cette assemblée de nobles chevaliers, et quel est ce cadavre que tu apportes si malencontreusement parmi nous?

— Ce cadavre, dit Manuel, c'est celui de ma fille, et je viens te demander à toi, qui te dis être le fils de notre seigneur, et à vous tous, chevaliers, la vie de celui qui a traîtreusement étranglé et assassiné mon enfant.

A l'aspect du cadavre de Guillelmète porté par ses deux frères, le Maure Ben-Ouled poussa un cri terrible, et s'élançant par-dessus la balustrade il s'écria :

— Et si tu ne trouves pas justice, Manuel, je te promets vengeance!

— Qui parle de vengeance, quand c'est à moi que l'on demande justice? reprit Othon d'une voix sévère. Qui que ce soit n'a le droit de rien dire ici quand le seigneur de ce château peut répondre.

Un murmure désapprobateur partit du côté des hommes d'armes et des servans, tandis que les chevaliers gardaient un profond silence, en échangeant des regards étonnés.

Othon reprit :

— Qui accuses-tu de cet assassinat ?

— Dis-moi les noms de tous les chevaliers qui sont entrés ce soir en ce château, et d'après leur bonne ou mauvaise renommée, je te dirai quel est celui que je crois le coupable.

— Aucun des chevaliers ici présens n'a traversé le bac pour venir au château, dit Othon; car tous sont arrivés par le chemin de Castelnaudary, et non par celui de la montagne ou de Pamiers.

— Le bac a cependant été détaché; je n'ai point reconnu le nœud que j'ai l'habitude d'y faire; et puisque le bac est sur cette rive, c'est qu'il a ramené des hommes de l'autre bord.

— S'il en est ainsi, dit Othon, c'est que ta fille l'a conduit de l'autre côté de l'eau pour y prendre ceux qui s'y trouvaient, et comme elle a contrevenu à l'ordre accoutumé, tant pis pour elle si elle a trouvé le danger qu'elle est allée chercher.

— A moins que l'un d'eux, dit Manuel, n'eût traversé le torrent à la nage pour s'emparer du bac, que ma fille aura voulu défendre.

— Et la preuve que cet homme a raison, dit la voix d'un archer, c'est que voici une robe de Romieu toute trempée. A qui de vous, messires, appartient-elle?

— A moi, dit Othon. Mais j'ai passé seul, et ce n'est pas pour moi que le bac a été détaché.

— Pour qui donc alors? dirent les voix tumultueuses des hommes d'armes.

— Ce n'est pas à moi à vous le dire, répartit Othon.

Mille cris menaçans éclatèrent au bout de la galerie, et Othon chercha vainement à les apaiser. Guillaume de Minerve, qui s'était approché de lui, lui dit tout bas :

— Livrez-leur l'assassin, quel qu'il

soit, messire de Terride, si vous le connaissez.

— Je le connais, répondit celui-ci; mais c'est un otage que je veux garder vivant, et qui nous vaudra une victoire contre les Français.

— Prenez garde, dit Guillaume doucement.

Cependant les hommes d'armes s'étaient consultés entre eux, et tout-à-coup Crédo élevant la voix, se prit à dire :

— Il n'y a pas à chercher plus long-temps le coupable, je le connais, et celui-là, grâce au ciel, ne trouvera pas une voix pour le défendre. Le sire

Guy de Lévis est venu ce soir du couvent de Saint-Maurice, et lorsqu'il est entré au château, par trahison et mensonge, comme il a traversé le torrent par trahison ou mensonge, il m'a dit qu'il venait de faire à Guillelmète le don d'une écharpe.

Or voici Robin qui a retrouvé le corps de la pauvre enfant arrêté aux branches d'un saule ; il avait au cou l'écharpe du sire Guy de Lévis. L'assassin est dans ce château ; l'assassin est au pouvoir du sire de Terride ; qu'il nous le livre pour qu'il en soit fait justice et pour qu'il soit pendu aux arbres de la route comme un lâche et félon assassin de femmes.

— Holà! mes maîtres, reprit Othon; depuis quand le meurtre d'une fille vassale est-il payé par le supplice d'un chevalier de noble lignage, fût-il un ennemi, fût-il un traître?

L'orage qui commençait à se former du côté des archers, des servans et des hommes d'armes, éclata alors en malédictions et en menaces directes.

Les cris :

— Sus au traître! sus au félon, sus à l'Anglais! retentirent de tous côtés.

Et quelques hommes se mirent en mesure de franchir la palissade.

Mais Othon s'élançant au-devant d'eux l'épée nue, s'écria :

— Qui osera passer cette barrière quand le seigneur de ce château le lui défend?

— Qui? répondit Manuel, en tirant hors du fourreau la pesante épée de l'un des hommes d'armes; moi le premier et tous les autres ensuite.

— Eh bien! tu mourras le premier, dit Othon en tirant son épée.

Un mouvement général de toute la troupe parti du fond de la salle pour s'élancer contre Othon, poussa si rudement les deux fils de Manuel contre la balustrade, que le corps de Guillelmète, qu'ils soutenaient sur leurs bras pour l'empêcher de tomber à terre, passa par-dessus la barrière et vint s'abattre aux pieds d'Othon.

Celui-ci, préoccupé de suivre de l'œil les mouvemens de ceux qui se précipitaient vers lui, ne vit autre chose qu'un corps qui dépassait la terrible limite, et levant son épée, il la laissa tomber sur le cadavre et lui fit une légère blessure.

A ce nouvel acte, les cris redoublèrent, et déjà dix épées tirées allaient frapper ensemble Othon de Terride, lorsque Guillaume se jeta en avant de lui, et le couvrant de son corps les arrêta en leur disant :

— Enfans, arrêtez. Justice vous sera

rendue. Je vous le jure sur ma parole de chevalier.

Mais comme le coupable est d'un rang et d'une importance tels, que nous en pouvons tirer d'utiles renseignemens pour la cause de la Languedoc, laissez-nous un moment délibérer sur ce qu'il est convenable de faire avant de vous le livrer.

Othon allait protester contre cette concession : mais il fut retenu par Lérida et d'autres chevaliers qui lui demandèrent de garder le silence.

Pendant ce temps, Manuel répondait à Guillaume :

— Je prends ta parole, sire de Minerve; car jamais tu n'y as manqué.

Nous allons nous retirer comme tu nous le demandes; mais pas un de nous ne quittera les abords de cette salle ni des issues du château, aussi bien pour protéger notre droit que pour protéger ta parole contre ce tueur de cadavres à qui une trahison ne coûterait peut-être pas pour sauver ce Français.

— Allez, enfans, reprit Guillaume de Minerve; je vous ai donné ma parole, et nulle puissance au monde ne m'y fera manquer.

Les hommes d'armes et les servans se retirèrent, tandis que Manuel disait aux chevaliers :

— Je vous laisse ce corps, messires,

il restera là pour vous avertir du crime et vous rappeler vos devoirs.

Cependant la foule s'écoulait et l'on entendait murmurer de tous côtés contre Othon des menaces sourdes auxquelles se mêlait le nom de tueur de cadavres, qui venait d'être donné au sire de Terride, et qui lui demeura comme on le verra par la suite de ce récit.

CHAPITRE HUITIÈME.

Dès que tout ce monde fut retiré, Othon regardant tous ceux qui l'entouraient d'un air farouche, leur dit amèrement :

— En vérité, sires chevaliers, je vous dois de grands et sincères remercîmens pour la manière dont vous m'avez secondé dans cette rébellion de manans et de vassaux levant la voix et le fer contre leur maître et seigneur.

— Ne parlez pas si haut, jeune homme, dit Guillaume, qui pouvait se permettre cette expression vis-à-vis d'Othon, quoique celui-ci fût un homme de près de quarante ans, car lui-même en comptait près de soixante-dix ; ne parlez pas si haut, car ces hommes sont peut-être assez près pour vous entendre.

— Et depuis quand, messire, les

chevaliers de cette contrée n'osent-ils plus parler de cette canaille, comme elle le mérite?

— Depuis que le malheur, l'incendie, la dévastation, le massacre ont passé un terrible et fatal niveau sur toutes les têtes.

Depuis dix ans que ce pays est en proie au glaive exterminateur des croisés, ces hommes ont vu assez de nobles barons pendus aux créneaux de leurs châteaux, comme des voleurs et des routiers; ils ont vu assez de suzerains errans, proscrits, et mendiant leur pain jusque dans les chaumières du dernier d'entre eux, pour avoir appris qu'il n'y a pas de naissance au-dessus du malheur et de droit au-dessus de la force.

Et nous-mêmes, à mesure que tombaient tous les chevaliers qui défendaient le pays, à mesure que les hommes de race noble disparaissaient moissonnés dans les combats, nous leur avons demandé trop d'aide et de secours pour qu'ils n'aient pas reconnu tout ce qu'ils valaient, et beaucoup d'entre eux sont devenus des soldats assez vaillans et assez dignes de porter la ceinture militaire et les éperons, pour qu'ils ne sachent pas que la vertu et le courage appartiennent à l'homme et non pas à la naissance, et que la récompense doit appartenir à qui possède le courage et la vertu.

— Misérable pays, dit Othon avec un sourire de mépris, qui demande sa défense à ses vassaux, et non plus à ses seigneurs, à ses esclaves, et non plus à ses maîtres.

— Sire de Terride, garde tes avis méprisans jusqu'à ce que tu aies vu ce pays mieux que tu ne l'as fait depuis quelques jours que tu es arrivé; garde-les jusqu'au moment où tu auras assisté à l'un de ces terribles combats où il n'y a plus ni grâce ni merci, où le prisonnier est condamné au supplice, où le blessé est achevé et tué. Quand tu auras souffert, soixante jours durant, la faim et la soif, comme je l'ai fait avec des hommes pareils à ceux que tu viens de voir, et que tu leur auras trouvé une constance égale à la tienne, alors, sire de Terride, tu seras moins prompt à les traiter de canaille.

Quand ils t'auront suivi et souvent précédé au combat, quand ils t'auront couvert de leurs corps et sauvé de la lance des Français, comme ils ont fait à beaucoup d'entre nous, alors tu ne les trouveras plus si insolens de tirer une épée qui t'aura défendu. Parle-nous de ton message, et hâte-toi, car la nuit s'avance, et ces hommes sont aussi impatiens de savoir ce qui regarde le sort de la Languedoc que nous-mêmes.

Othon, qui avait écouté ces paroles d'un air sombre, et la tête basse, parut faire un violent effort sur lui-même, et répondit :

— Messire, je ne discuterai pas les malheurs qui ont pu faire descendre la noblesse de la Provence à ce degré d'humiliation. Il a fallu dix années pour vous y faire arriver peu à peu, et sans que peut-être aucun de vous ait justement apprécié le chemin qu'il faisait.

Mais vous ne vous étonnerez pas que moi, qui me trouve tout à coup jeté au milieu de ce désordre, au milieu de cet abandon de tout droit et de toute dignité, j'en sois révolté, et qu'il me soit difficile de l'admettre comme un droit.

Cependant, je le veux bien accepter comme une nécessité générale. Mais il est impossible qu'en cette circonstance vous puissiez accorder la vie de sire Guy de Lévis pour venger une femme telle que celle qu'il a tuée.

— Ma parole est engagée, dit Guillaume de Minerve, et crois-moi, si cette parole n'était pas venue te couvrir, mieux que n'eût pu le faire la meilleure armure, tu ne serais pas là debout à discuter devant nous si nous avons laissé dégrader notre noblesse, mais tu serais à côté de ce cadavre, aussi glacé, aussi inutile que lui à la défense du pays, plus inutile que le dernier de ces goujats dont tu fais si peu de cas.

— Mais j'ai moi-même engagé ma parole vis-à-vis du sire Guy de Lévis, car je lui ai dit que lui et les siens auraient la vie sauve.

— Si tu le lui as dit avant de connaître son crime, ta parole se trouve dégagée.

Othon réfléchit un moment et reprit :

— C'est une chose qui peut être bonne à opposer à un accusé par un juge de basse justice, et non par un baron suzerain à un chevalier. J'ai dit que le sire de Lévis aurait la vie sauve, et je ne manquerai pas à ma parole, je vous en préviens.

C'est à vous, messires barons, à savoir s'il vous convient de m'y contraindre par la force, car vous êtes nombreux en ce château, où je suis seul.

— Mais où tu n'es pas encore le maître, dit alors en se levant de nouveau le vieux comte de Terride, dont l'esprit, tantôt éveillé, tantôt endormi dans une sorte d'idiotisme, avait des retours pareils à ceux d'une lampe prête à s'éteindre, dont la lueur s'obscurcit presque complètement, pour jeter un moment après un plus vif éclat.

Le sire Guy de Lévis, dit le vieillard, est entré dans ce château par un crime et contre la foi jurée; car, d'après notre convention, il ne devait jamais y venir que seul ou accompagné d'un écuyer. Il a menti à sa parole, et il sera puni à la fois comme traître et comme assassin.

Othon, qui avait remarqué le sombre mécontentement que ses paroles avaient excité parmi les chevaliers, se trouva heureux sans doute d'avoir occasion de plier devant la volonté générale sans paraître céder à la crainte d'aucune menace, et il répondit :

— J'ignorais ce crime du sire Guy de Lévis. Qu'il souffre la mort pour celui-là, c'est justice, puisqu'il a eu lieu d'homme noble à homme noble ; j'y consens.

Je laisse à mon seigneur à donner à son châtiment la couleur qui lui conviendra ; mais je ne puis m'empêcher de vous dire que vous avez fait comme ces imprudens qui démoliraient une partie de leurs murailles parce qu'elles ne sont pas menacées, pour réparer les brèches faites aux endroits où on les attaque.

Vous chasserez peut-être les Français de la Languedoc, sires barons ; mais quand ces ennemis seront exterminés, il en aura poussé d'autres autour de vos châtellenies qui vous presseront d'une bien plus rude façon.

— Chaque jour a son labeur, dit Guillaume de Minerve en baissant la voix ; et puisque tu parles par comparaison, sire Othon de Terride, je te dirai qu'il faut d'abord éteindre l'incendie de la maison à l'aide des valets et des vilains, puisque c'est nécessaire, et qu'une fois ce danger passé, il sera temps de penser à y rétablir l'ordre.

— Messires, je vous souhaite ce pouvoir, dit Othon amèrement; mais je viens d'un pays où le roi, pour se soutenir contre ses barons normands, en a appelé à ses bourgeois et à ses manans, et qui, lorsqu'il a eu remporté la victoire, a été traîné par cette bourgeoisie, mêlée de pâtres et de nobles dégradés, jusque dans une prairie, à trois milles de Londres; pour y signer, en face d'un peuple armé et mutiné, ce qu'ils appellent la charte du royaume, qui donne aux communes des droits presque égaux à ceux de la noblesse.

— Peut-être, dit Guillaume, à qui l'âge avait appris à juger les choses plus prudemment, peut-être est-ce la volonté de Dieu que les faibles soient tirés

de cette manière de leur abaissement ;
mais ce n'est pas le lieu ni le moment
de discuter une pareille question.

Achève ton message, et nous te donnerons alors notre réponse pour le comte de Toulouse.

Othon reprit alors la parole, mais son récit fut long-temps avant de reprendre ce ton d'exaltation qui avait si vivement impressionné les chevaliers.

Othon de Terride, comme on le verra dans la suite de ce récit, avait à un degré assez élevé, les qualités et les vices des hommes de son époque.

Quoique né dans un pays où les

droits des classes inférieures ont toujours été plus ou moins écrits et respectés, où la bourgeoisie arrivait aisément à la noblesse, même par droit d'élection, où l'on trouve même le privilége de voter l'impôt étendu jusqu'aux serfs, il n'y avait pas vécu assez long-temps pour s'identifier avec ces mœurs.

Toute la portion de la vie qui fait l'homme, s'était passée pour lui en un pays où l'arrogance des Normands traitait comme des bêtes brutes, non-seulement ceux qui n'étaient pas nobles, mais ceux qui n'étaient pas de leur race; il avait vu avec mépris ce qu'il appelait la lâcheté du roi Jean, et il apportait dans la Provence ses idées absolues et ce qu'on pourrait même appeler le ressentiment de l'injure faite à la noblesse par les entreprises de la bourgeoisie de Londres.

Voici cependant ce qu'il apprit aux chevaliers, et ce dont il nous suffira de donner un résumé à nos lecteurs.

Après le départ de son père, le jeune comte de Foix était demeuré pendant un mois à Rome; puis, voyant que ses démarches échouaient contre les intrigues des évêques, malgré tout le bon vouloir d'Innocent III, il se décida à partir et à aller rejoindre son père et le comte de Foix, qui l'attendaient à Gênes.

De là il s'était embarqué pour Marseille, où il avait été reçu avec de grandes manifestations d'amour et de dévouement.

Puis enfin il s'était, par un coup hardi, emparé de la ville de Beaucaire, où il tenait enfermé dans la citadelle Lambert de Limou, tandis que lui-même était enfermé dans la ville par l'armée de Montfort, qui l'attaquait extérieurement.

Cette position d'assiégeans et d'assiégés donna lieu à des combats de chaque jour, où se passèrent les faits d'armes les plus éclatans, et qui surtout mirent au jour le courage, la décision, et même, à vrai dire, le génie du jeune comte de Toulouse.

Il fut, dans ces circonstances, une des mille preuves que l'art de la guerre est un instinct bien plus encore qu'une science.

Tout en pressant la citadelle par les moyens connus à cette époque, il ne négligeait point de se mettre en garde contre les tentatives de Simon de Montfort, les repoussait ou les prévenait, l'attaquait le plus souvent et coupait des convois par des sorties heureuses.

Aussi, quoique lui-même enfermé dans une ville, il vivait dans l'abondance, tandis que les Français, maîtres de la campagne, manquaient des choses les plus nécessaires.

En effet, il s'était rendu maître de la navigation du Rhône en s'emparant de plusieurs châteaux qui en dominaient le cours.

Montfort tenta tous les moyens de s'emparer de la ville...

Ce ne fut qu'après plusieurs mois d'un siége inutile que Montfort, désespéré de ne pouvoir venir à bout de celui qu'il appelait en style normand le petit gars, se décida à lever ce siége en donnant toutefois à sa retraite un faux semblant de traité de paix et de transaction.

Il fit offrir par le sire Guy de Lévis, qui était alors avec lui, et par l'entremise de Dragonet, qui était le précepteur du jeune comte, de se retirer lui et son armée, et de laisser à Raymond la possession libre de Beaucaire, à la seule condition de livrer passage à Lambert de Limou et aux chevaliers qui occupaient avec lui la forteresse de cette ville.

En cette occasion le jeune Raymond prouva encore combien il était supérieur à tous ceux qui l'entouraient; car, au lieu de se laisser égarer par le vain désir de conquérir par la force le château, comme le lui conseillaient tous ses chevaliers, il leur répondit prudemment :

— Messires, il m'est plus important d'avoir cette forteresse en bon état que de la prendre démantelée comme il faudrait le faire pour en chasser les Français, qui la défendent.

Nous aurons assez d'autres occasions de prouver, si nous ne l'avons déjà pas suffisamment prouvé, que nous savons battre des murs en brèche et monter à l'assaut à travers une pluie de fer et de feu; car cette guerre ne fait que de commencer, messires, une guerre qui ne peut finir que par l'extermination de Montfort ou de la mienne.

Assurons-nous donc d'abord d'une

retraite sans y dépenser une bonne part de ce qui reste de sang noble dans nos comtés.

C'est mon avis, et au besoin c'est ma volonté.

Tous les barons obéirent.

C'était miracle que de voir tous ces hommes céder avec une révérence extrême aux volontés de cet enfant, tandis qu'ils eussent résisté aux plus prudens conseils de son père.

Mais il avait montré, comme nous l'avons dit, tant de résolution et tant d'habileté, que chacun le considérait comme spécialement protégé du ciel ;

reconnaissant mieux que nous, dans leur naïve crédulité, la véritable source du génie, en le faisant remonter à Dieu.

La volonté du jeune comte prévalut donc, et à peine Dragonet était-il parti pour aller porter au camp des Français le consentement du jeune Raymond, que le vieux comte de Toulouse sortait en toute hâte de Beaucaire avec Othon de Terride et quelques autres chevaliers, et, prenant la route de Montpellier, de Béziers et de Carcassonne, se rendait secrètement aux environs de Toulouse, tandis que le sire de Terride, muni de lettres scellées par le comte, parcourait les châteaux du comté de Foix, dont la situation, au milieu des montagnes, les avait fait échapper aux entreprises des Français.

La réunion à laquelle nous faisons assister notre lecteur était le résultat des soins du sire de Terride.

D'autres, convoquées de même, se tenaient à la même heure dans divers autres endroits, et le lendemain tous les émissaires du comte devaient lui apporter la réforme des divers barons à Toulouse même, où il avait dû se jeter et se faire reconnaître.

L'on s'étonnera peut-être, après ce que nous venons de raconter, de voir le sire Guy de Lévis revenu dans le comté de Foix plus vite que n'avaient pu le faire le comte de Toulouse et les chevaliers qui l'accompagnaient, puisqu'il avait été lui-même le porteur des propositions de Simon au jeune comte.

Mais on le comprendra aisément, en apprenant que ces propositions de Simon, quoique sincères, avaient eu surtout pour but de dérober au jeune Raymond le parti que venait de prendre l'armée française.

Ainsi, tandis que Dragonet parlementait dans un terrain neutre avec Guy de Lévis, toute l'armée de Simon de Montfort reprenait rapidement la route de Toulouse, en franchissant la montagne noire et revenant par le haut pays.

Il en résulta que, tandis que le vieux Raymond et ses chevaliers voyageaient de nuit et par des sentiers détournés, Guy de Lévis put revenir auprès de Montfort de toute la vitesse que permettait à son voyage une route libre et bien gardée, et, qu'après avoir appris à son seigneur, qui campait aux environs de Toulouse, le succès de sa ruse, il avait pris les devans, et s'était sur-le-champ rendu à Mirepoix, afin d'y conclure le mariage pour lequel le vieux sire de Terride lui avait donné sa parole six mois auparavant, dans la persuasion où il était que le pape ne pourrait commettre une injustice pareille à celle dont il avait fait la condition de cette alliance.

Cependant Othon de Terride, qui ignorait encore cette marche rapide de Montfort, avait raconté aux chevaliers son départ de Beaucaire, sa route, ses courses dans les divers châteaux, et il leur disait que le comte leur seigneur les appelait à lui prêter secours à Toulouse, dont il avait sans doute chassé la garnison papale qui occupait le château narbonnais, tandis que Simon de Montfort était arrêté encore devant Beaucaire.

Les chevaliers commençaient à délibérer entre eux sur ce qu'ils devaient faire, lorsque le maure Ben-Ouled entra dans la galerie, interrompit hardiment les délibérations et dit d'un ton menaçant :

— Sires chevaliers, nous attendons à la porte ce qu'il vous a plu de décider en faveur de la Languedoc, et nous attendrons tant qu'il vous plaira ; mais nous n'avons pas la même patience pour ce qui concerne le sire Guy de Lévis.

Il n'y a point à délibérer pour livrer un homme à la main qui doit le punir.

Il est temps de vous expliquer, le voulez-vous, ne le voulez-vous point ?

Guillaume de Minerve, celui-là même qui venait de se montrer si favorable aux prétentions des hommes d'armes, ne put supporter le ton d'arrogance avec lequel cet homme s'exprimait, et lui répondit :

— De par tous les saints du Paradis, c'est par trop d'audace! Nous sommes justes et nous le prouverons à nos hommes libres ou serfs en accueillant leurs réclamations; mais nous ne leur permettrons jamais de choisir de tels intermédiaires pour nous porter leurs plaintes.

Retourne donc leur dire qu'ils choisissent au moins un chrétien pour parler à des chrétiens; ou si tu tardes tu seras bientôt gisant à côté de cette fille pour laquelle vous demandez vengeance.

— Sire Guillaume de Minerve, dit le maure, je sais que ton épée est légère à ta main et pesante à tes ennemis, et toi aussi, Lérida, je t'ai vu frapper, et vous aussi, Arnaud de Rabastens, Pierre de Cabaret, le plus vaillant des capitaines de ce pays; mais aucun de vous, ni vous tous ensemble ne me ferez sortir d'ici vivant, ni ne m'y garderez mort; j'ai contre vos épées une défense plus sûre que cuirasse et corselet; cette défense, la voici.

CHAPITRE NEUVIÈME.

En parlant ainsi, le Maure tira de dessous sa tunique un long couteau à l'usage des bouchers, en ajoutant :

— Comptez sur le manche toutes les entailles qui s'y trouvent ; c'est une pour chaque Français que ce couteau a silencieusement égorgé.

Voici mon épée (et il tira et jeta son épée sur la table); comptez sur la lame chaque trait de lime qui en a fait une scie; c'est un pour chaque Français que j'ai abattu dans la bataille.

Et pourtant, avant de m'appartenir, cette épée avait été celle d'un homme qui l'eût usée jusqu'à la garde s'il y eût voulu y inscrire comme moi le nombre d'hommes qu'elle avait exterminés.

N'y a-t-il aucun de vous qui la reconnaisse.

— Sur mon âme, s'écria Guillaume

dont la voix devint tremblante d'émotion, c'est l'épée de mon seigneur mort, c'est l'épée du vicomte de Béziers.

— Et toi, dit le maure, qui reconnais si bien le fer, ne reconnais-tu pas le bras qui s'est donné la charge de le porter ?

— Est-ce toi, Buat, toi, l'OEil-Sanglant, toi, le Couteau-de-Merci, qui es dans ce château caché sous un pareil déguisement?

Depuis tantôt huit mois que nous n'avions eu de nouvelles de chevaliers français surpris dans leurs tentes, dans leurs châteaux, dans leurs lits, et égorgés comme par une main invisible; depuis que nous ne rencontrions plus pendus aux arbres des routes les barons normands avec une croix sanglante ouverte sur la poitrine, nous t'avions cru mort, et nous te pleurions.

— Merci, Guillaume, répondit Buat.

Mais le jour où le comte de Foix livra son château à l'abbé de Saint-Tibery, j'avais un plus saint devoir à remplir que celui de l'extermination des Français.

J'avais à veiller sur l'espérance de notre comté, sur le fils du noble vicomte, et cette espérance j'ai préféré la confier à un déguisement qu'au château le plus fort, lorsque celui de Foix l'invincible ne pouvait plus lui être un asile imprenable.

— Où donc est-il, ce noble enfant ? s'écria Guillaume de Minerve, puisqu'à présent nous en sommes réduits là, que tant d'hommes sont morts, que les enfans sont notre plus précieuse espérance ?

— Il est en ce château, passant pour l'enfant d'un jongleur, ramassé par moi sur la route. Il dormait ici tout à l'heure sur les genoux de l'une des femmes de la comtesse de Signis, et sans doute il est maintenant dans son berceau.

Guillaume de Minerve, qui ne pouvait pardonner au comte de Toulouse de s'être allié jadis aux croisés et d'avoir combattu le vicomte Roger, s'écria :

— Eh bien! à défaut du comte de Foix, qui nous a abondonnés pour aller plaider son droit devant des prêtres, à défaut de tes comtes de Toulouse, race cauteleuse et perfide, que cet enfant devienne notre chef, et je me déclare prêt à le suivre, prêt à lui obéir, comme d'autres obéissent au jeune Raymond.

— C'est une proposition vraiment folle, s'écria Othon, de penser obéir à un enfant de six ans; car ce doit être celui que j'ai aperçu tout à l'heure dans cette salle.

— Pour ma part, dit Lerida, je l'approuve et je m'y soumets.

— Et nous ferons de même! s'écrièrent tous les chevaliers.

Othon promena un moment ses regards autour de lui comme s'il avait eu affaire à une assemblée de fous, et ses regards s'arrêtèrent un moment sur le visage de Ben-Ouled ou Buat, où se montrait un air de satisfaction.

Le chevalier baissa la tête, et haussant les épaules, il reprit d'un ton froid et dédaigneux :

— Est-ce là, Messires, la réponse que

je dois apporter au comte de Toulouse?

— Va lui dire que nous nous armerons pour lui, à la condition qu'il se départira de ses droits de tuteur comme grand-oncle du jeune vicomte, et que le soin des comtés du jeune Roger sera confié à quelque noble chevalier de sa suzeraineté.

— A Guillaume de Minerve, par exemple, dit Othon en souriant dédaigneusement; je te comprends maintenant.

C'est un chef commode pour l'ambition d'un châtelain qu'un enfant de six ans.

— Tu n'as pas touché juste, répondit Guillaume; ce n'est pas moi qui veux être le chef de notre réunion au nom de cette enfant; mais ce que je ne veux pas, c'est que le comte de Toulouse puisse comme tuteur, nous donner des ordres en son nom.

Que ces chevaliers choisissent donc celui qu'ils jugent le plus digne de les commander, le plus loyal pour défendre les droits de l'orphelin et empêcher qu'ils ne soient sacrifiés dans quelque déloyale transaction avec les ennemis de la Provence.

Porte cette réponse au vieux Raymond.

On eût dit que cette phrase, sans

doute dictée par une prévention générale contre la politique tortueuse du vieux Raymond, se trouvait avoir une application directe au sire Othon de Terride, car il se mordit les lèvres de dépit.

Il repartit fièrement :

— Et il est inutile que je lui porte cette réponse, Messires ; car je puis vous dire dès ce moment que le comte de Toulouse n'acceptera point votre secours à cette condition.

Je vois que l'insubordination ne s'est pas arrêtée aux petits, et que si les manans se font les égaux des châtelains, les châtelains veulent se faire les maîtres de leur seigneur; qu'il en soit donc comme si je ne vous avais rien dit, Messires.

Ce château vous donnera son hospitalité jusqu'à demain.

— Ce château, reprit le vieux Terride en prenant la parole avec la dignité et la bonne grâce d'un hôte empressé, vous la donnera tant que vous daignerez l'y accepter.

— Jusqu'à l'aube du jour seulement, dit Guillaume de Minerve; et comme elle ne convient plus à l'héritier du vicomte de Béziers, je lui offre celle de mon château, et jusqu'à ce qu'il soit arrivé, nous lui offrons tous celle de nos épées et de notre escorte.

— Et je l'accepte pour lui, dit Buat;

et maintenant il me reste à vous demander si le sire de Guy va nous être livré.

— Tu peux l'aller chercher, Buat, dit Guillaume de Minerve.

— Mon père, reprit vivement Othon, laisserez-vous accomplir cet assassinat dans votre château?

— Que justice soit faite, dit le vieillard, et que nul ne s'y oppose.

Je ne t'aurais pas reconnu à ton visage, Othon, que je t'aurais deviné à ton insolente fierté envers les vassaux et à tes ménagemens prudens envers les ennemis dont tu peux craindre ou espérer quelque chose.

Je t'aurais reconnu à l'art avec lequel tu as dit ce qui était convenable de dire en faveur du jeune Raymond, et rien de plus.

Tu n'as pas oublié le vil savoir du jongleur, dont la langue se plie à tous les tons et captive toutes les oreilles; mais elle ne pourra rien pour celui qui est entré par trahison en mon château, et, je te le jure, le sire Guy de Lévis périra, à moins que Dieu lui-même ne le sauve.

— Que votre volonté soit faite, dit Othon; mais je reçois une singulière récompense d'avoir abandonné tout ce que je possédais en pays étranger pour revenir dans le mien, et ne pas même y pouvoir obtenir qu'on respecte les jours d'un ennemi à qui j'ai engagé ma parole de lui garder la vie sauve.

Une faveur bien misérable me sera-t-elle accordée? c'est que ce supplice soit retardé jusqu'à l'heure du lever du soleil; alors je quitterai ce château où je ne suis pas plus que par le passé, et je n'aurai du moins autorisé ce meurtre ni par ma présence ni par mon consentement.

Les chevaliers se consultèrent entre eux ; nul n'osa faire une objection à cette demande si simple, et tous répondirent qu'il en serait comme le désirait Othon de Terride.

On chargea Buat d'apprendre aux hommes d'armes la résolution qui venait d'être prise.

Pendant ce temps, le vieux sire de Terride s'était approché de son fils, et lui avait dit :

— Tu partiras avant l'aurore, n'est-ce pas, Othon ?

— Oui, mon père, lui dit celui-ci en observant l'effet de ses paroles, je partirai et vous resterez seul en ce château que je viens d'arracher aux mains d'un Français.

— Je te remercie, si l'on peut remercier un chevalier provençal d'avoir fait son devoir, un fils d'avoir défendu son père ; mais tu partiras avant le jour.

Othon regardait son père, dont l'œil fixe et vitreux semblait arrêté à une idée qui l'absorbait complètement.

— Oui, répondit-il, et vous resterez seul avec la comtesse Signis qui a tellement hâte de vous voir au cercueil.

Le vieillard prit une farouche expression, et répondit d'un air égaré :

— Il y a place pour les jeunes comme pour les vieux dans le cercueil ; ne t'occupe pas de la comtesse de Signis et sois parti avec l'aube.

— Je serai parti, mon père, dit Othon avec une expression peut-être plus cruelle que celle de son père.

Le vieillard sortit, soutenu par Crédo, mais en répétant toujours :

— Il sera parti demain avant le jour.

C'est bien... c'est bien.

Tous les chevaliers se retirèrent chacun dans l'appartement qui lui était désigné, et Othon demeura seul dans la vaste galerie.

Il resta assez longtemps plongé dans une sorte de rêverie; il semblait incertain de ce qu'il voulait faire.

Tantôt il allait vers la porte extérieure, comme pour appeler un homme, tantôt il revenait vers celle par où on avait fait sortir le sire Guy de Lévis, tantôt encore il se dirigeait du côté où était l'appartement de son père; mais il semblait qu'à chaque endroit un obstacle insurmontable vînt l'arrêter.

Enfin, plus incertain que jamais, et comme désespéré, il s'écria tout haut :

— Et pas un homme pour m'aider, pas un ami à qui me confier!

— Vous vous trompez, Othon, lui dit une voix de femme; vous avez encore ici des amis.

Et tout aussitôt la comtesse de Signis parut à ses yeux.

Mais avant de faire connaître le résultat de leur entretien, il nous faut suivre Guittard de Terride dans son appartement, et raconter la scène qui eut lieu entre lui et Crédo.

CHAPITRE DIXIÈME.

Le vieux seigneur s'était retiré dans une vaste pièce toute garnie de boiseries; et au fond de laquelle était un énorme lit en chêne; une seule fenêtre étroite donnait de l'air à cette chambre et elle n'avait d'autre porte apparente que celle par laquelle le vieux comte et Crédo y étaient entrés.

Guittard, dès qu'il y fut arrivé, se laissa tomber sur une large chaise en bois, pareille à celle qu'il occupait dans la galerie ; car malgré sa vieillesse, il n'avait jamais voulu admettre pour lui-même ce luxe de tapis et de siéges garnis de coussins, que les Maures avaient apporté en Espagne et que Signis avait établi dans certaines parties du château.

— Ne voulez-vous pas vous reposer après une si rude journée? lui dit Crédo.

— Non, non, dit le vieux Guittard, car le repos qui m'attend sera assez long pour que je ne perde pas dans le sommeil le peu d'heures qui me restent à vivre.

Crédo fit un mouvement pour se retirer, mais le comte le retint en lui disant :

— Demeure, j'ai quelque chose à te dire.

— Parlez, Messire, repartit Crédo.

— Attends, reprit le comte, en agitant sa tête comme s'il cherchait quelque chose autour de lui.

C'est long et terrible, et je ne me souviens pas bien; mais je l'ai décidé pendant qu'il parlait, et cela se fera.

— J'attends, dit Crédo habitué aux absences de son maître et le regardant pendant qu'il murmurait tout bas :

— C'est cela... oui... elle et non pas lui... c'est plus juste... c'est meilleur....

Il s'arrêta encore une fois, combinant ses pensées qui se présentaient à lui sans ordre, les rappelant, car elles lui échappaient à tout moment, puis tout-à-coup il s'écria :

— Tu comprends pourquoi il est revenu?

— Sans doute, dit Crédo, les malheurs de la Provence l'ont touché et le souvenir du pays a fait taire ses justes ressentimens.

— Ses justes ressentimens! s'écria le vieillard.

Tu dis ses justes ressentimens? Je lui ai donc fait injure, quand je l'ai fait déclarer traître et félon?

Mais tu as donc oublié qu'il était amoureux de Signis. Un fils amoureux de la femme de son père!...

N'est-ce pas horrible, n'est-ce pas infâme?

Y a-t-il un châtiment trop terrible pour un pareil forfait?

Crédo eût pu répondre que ce n'était pas le fils qui avait outragé le père, mais le père qui avait enlevé la fiancée du fils.

Cependant, en voyant le regard enflammé du vieillard, le tremblement nerveux dont il était saisi, il craignit de l'irriter encore davantage en lui rappelant un tort qu'il avait si cruellement expié, et avec le remords duquel il luttait depuis vingt ans.

Il se contenta donc de lui dire :

— Je ne juge point ce que vous

avez condamné, Messire, mais, après vingt ans d'absence, une pareille passion doit être oubliée.

— Fou et aveugle que tu es! reprit Guittard; tu ne comprends rien.

Il aime encore Signis, il l'aime encore, c'est pour elle qu'il est revenu. C'est pour elle.

Et Signis n'eût pas poussé l'audace jusqu'à me reprocher si insolemment le souvenir de son amour, si elle n'avait su qu'il était là tout prêt à la soutenir contre ma juste colère.

Ce n'était pas la première fois que la comtesse avait jeté ce reproche à la face de son époux, et Crédo le savait mieux que personne.

Cependant, cette fois encore il ne voulut pas contrarier son maître trop ouvertement, et lui dit :

— Cela n'est pas probable, Messire, car sa première parole a été pour vous protéger contre le sire Guy de Lévis, le favori de la comtesse, qu'il a arrêté.

— Et qu'il veut sauver maintenant, dit le comte, tu l'as entendu. C'était arrangé d'avance, préparé entre eux, j'en suis sûr.

Que lui fait ce Guy de Lévis; et s'il le

protége après avoir essayé de me faire croire qu'il voulait le traiter en ennemi ; n'est-ce pas pour flatter Signis ?

— Il l'aime, te dis-je, il l'aime! et c'est pour elle qu'il est venu.

Crédo fit un mouvement d'impatience et reprit :

— Cela n'est pas, Messire, et si, par impossible, cela était, à quoi pourrait lui servir un pareil amour ?

— A quoi! dit le vieillard avec un ricannement sinistre; est-ce que nous vivons dans un temps où il reste la trace d'une loi et d'une croyance ? les prêtres n'ont-ils pas inventé des textes pour permettre aux uns, aussi bien que pour défendre aux autres?

Guy de Montfort n'a-t-il pas enlevé la femme de Robert de Comminges, et, celui-ci vivant, ne l'a-t-il pas épousée? et les évêques n'ont-ils pas béni son union?

Lara de Narbonne n'a-t-il pas épousé la fille après avoir répudié la mère? et crois-tu que Signis n'oserait épouser le fils après la mort du père?

— Je ne le crois pas, dit amèrement Crédo.

— Tu ne le crois pas? dit le vieux Guittard, en attachant ses regards fixes sur Crédo.

— Non, Messire, reprit Crédo avec un accent d'affirmation singulier.

Non, la comtesse Signis ne consentirait pas à ce mariage; et si votre fils a gardé son amour dans le cœur, je puis croire que la comtesse n'en a pas fait autant.

— Pauvre niais! dit le comte, pauvre niais!

Regarde cette chambre, où jamais elle n'est entrée que le visage pâle et le dégoût sur les lèvres.

Vingt fois, cent fois, durant ces longues nuits, où vous autres, qui vous dites les malheureux de ce monde, vous dormiez au moins de fatigue, ça été des luttes horribles entre Signis et moi.

Et toujours, toujours, entends-tu? quand je la menaçais ou que je la priais, elle me répondait avec un sourire de mépris :

« Vieillard, pourquoi m'as-tu prise à ton fils que j'aimais? »

Le sire de Terride se leva, comme agité d'un transport furieux, et se mit à parcourir la chambre en s'écriant :

— Ah! vingt ans de suite, vingt ans, sans une heure d'oubli, sans un moment de pitié pour le vieillard! C'était lui, toujours lui; et maintenant ils se retrouveraient... maintenant... non, ça ne sera pas, non; qu'il périsse plutôt!

— Seigneur mon maître, s'écria Crédo, vous voulez frapper votre fils, qui revient comme un sauveur, après l'avoir chassé par votre faute ? Cela n'est pas juste.

Le sire de Terride continua à marcher dans la chambre, allant d'un mur à l'autre, comme pour y trouver quelque chose; puis il se mit à murmurer d'une voix sourde :

— Lui, ai-je dit lui?... eh bien! lui ou elle... peut-être lui... non, elle !...

— Sa voix, à chacun de ses mots, devenait de plus en plus sourde et elle finit par s'éteindre dans un sombre murmure, ou de temps en temps Crédo pouvait distinguer ces deux mots : elle!... lui!...

Enfin, il finit par retomber sur son siége en disant :

— J'avais pourtant décidé lequel des deux!...

Le vieux Guittard parut alors plongé dans l'abattement stupide qui s'emparait de lui après chaque violent effort, et Crédo voulut profiter de cette apathie apparente pour se retirer.

Mais le vieux sire de Terride reprit d'une voix triste, et en se laissant pleurer comme un enfant :

— Tu t'en vas aussi, Crédo, car il partira demain lui aussi, et je serai seul, seul entre les mains de cette femme qui me hait, qui m'a tué l'esprit par le désespoir et le corps par l'insomnie.

Qui me vengera donc ?

— Mais de qui ? reprit Crédo avec impatience.

— Le visage de Guittard s'alluma tout à coup d'une nouvelle clarté d'intelligence, et il répondit comme un homme qui vient de trouver la solution d'un problème ou bien la trace du chemin qui doit le conduire au salut.

— D'elle..., oui d'elle ; c'est d'elle que tu me vengeras.

Écoute, Crédo.

Je me rappelle bien maintenant; tout est combiné et préparé depuis long-temps.

Ouvre cette armoire, et regarde.

Crédo obéit.

— Qu'y a-t-il sur la première tablette ?

— Un poignard à vos armes, et une bourse pleine d'or.

— Ah! ah! fit le sire de Terride; je savais bien que tout était préparé et arrêté depuis long-temps.

— Mais quoi donc? dit Crédo, à qui l'aspect de ce poignard et de cette bourse inspira un terrible soupçon.

— Sa mort..., tu comprends?...

Demain..., cette nuit peut-être, je le sens..., je mourrai; j'en suis sûr...

Tu prendras cette bourse et le poignard, et tu tueras...

Il s'arrêta encore, l'œil fixe et le corps immobile comme si sa pensée lui manquait; et Crédo lui dit:

— Qui donc?

Le vieillard fut quelque temps sans répondre.

— Ne m'as-tu pas dit qu'elle ne l'aimait plus?

— Je vous en suis garant, dit Crédo.

— Eh bien! alors, lui...

— Mais il part tantôt....

— Alors, dit le vieillard, celui que tu voudras ; mais ils ne vivront pas tous deux pour s'aimer après moi. Je ne le veux pas.

Signis! elle n'a pas voulu m'aimer, ni même me plaindre une heure ; elle n'aura pas d'amour... sur la terre! elle n'en aura pas!...

Tu m'appartiens, Crédo... Tu m'as juré que ma dernière volonté te serait sacrée; tu l'as juré sur l'Évangile, avec une étole au cou...

Tu tiendras ton serment!...

— Eh bien! donc, dit Crédo, que la comtesse meure! et ce sera peut-être justice.

— Elle l'aime donc ? s'écria le vieillard.

Credo ne répondit pas.

— Elle l'aime donc! reprit le vieillard en se levant.

Crédo détourna la tête.

— Elle l'aime donc? s'écria encore le vieillard.

Crédo voulut encore se détourner; mais le vieux comte de Terride lui adressa encore sa question, et cette fois d'un air si terrible, si impératif que Crédo repartit d'un ton sombre :

— Non, elle ne l'aime pas, parce qu'elle en aime un autre.

Le vieillard laissa échapper un cri terrible, en répétant :

— Un autre !

Alors, avec une force que la fureur seule pouvait lui donner, il arracha le poignard que Crédo avait pris dans l'armoire, et le levant sur sa poitrine, il lui dit :

— Alors, tu vas me le nommer !

— Il se nomme Michel, mon seigneur.

Ce nom parut frapper le sire de Terride comme un coup de foudre ; le poignard lui tomba des mains, et il dit d'une voix funèbre, pendant que le serviteur le plaçait sur son siége :

— La malédiction du Seigneur est sur ma race, Crédo. Laisse-moi.

Le servant eût voulu rester à ce moment ; mais le sire de Terride lui dit d'une voix impérative :

— Va t'en... si tu ne veux pas

mourir... pour ce que tu m'as dit, si ce n'est pas vrai, et pour ce que tu ne m'as pas dit depuis long-temps, si c'est la vérité.

Crédo se retira, et le vieillard demeura seul.

CHAPITRE ONZIÈME.

Pendant que cette scène avait lieu entre Crédo et son seigneur, d'autres d'un caractère bien différent se passaient dans la galerie du château.

Nos lecteurs se rappellent l'instant

où Signis, qui guettait le moment de parler seule à Othon, se présenta à lui et répondit à l'exclamation qui lui était échappée.

Othon avait entendu la comtesse rappeler au comte le souvenir de leur amour. Il avait pu s'imaginer que cette passion était demeurée dans le cœur de la comtesse, quoiqu'il eût de justes raisons de penser le contraire.

En la retrouvant si empressée de l'entretenir en secret, cette pensée se représenta à son esprit, et il se mit à considérer Signis comme s'il eût voulu pénétrer dans le secret de son âme.

La comtesse était encore admirablement belle; ses cheveux, d'un noir luisant, étaient aussi abondans autour de son pâle visage; ses yeux avaient gardé l'ardeur amoureuse qu'elle savait si coquettement voiler, pour la rendre plus provocante, sous la longue frange de ses cils; ses sourcils se dessinaient aussi purs et aussi arqués sur son front d'un blanc mat; ses dents étincelaient blanches et fines comme autrefois; la ténuité svelte de sa taille ne s'était pas allourdie; sa main était aussi pure.

Elle était aussi belle à trente-six ans qu'à seize, et cependant son âge était écrit sur son visage et dans sa personne.

Elle portait cet indéfinissable cachet du temps qui se marque partout sans paraître précisément nulle part.

Cette grâce charmante de la jeunesse qui veloute d'une fleur délicate tous les traits, qui adoucit leur expression sous un voile de modestie, qui retient dans une timidité virginale le geste et l'allure, tout cela avait disparu.

La femme qui était devant lui était fière, impétueuse, hardie; la passion avait dû passer dans son cœur, l'amour et la colère brûler dans ses regards et s'agiter sur ses lèvres.

Othon se recula devant elle et la regarda silencieusement.

Signis en fit de même; mais Othon n'était plus le beau jeune homme impétueux et pétulant d'autrefois, portant dans ses regards la témérité et l'imprévoyance, souple et leste pour gravir une muraille, franchir un fossé et se glisser dans l'ombre d'un long corridor.

C'était déjà plus qu'un homme fait. Ses cheveux devenaient rares sur son large front que la pensée ou le malheur avait ridé; et s'il avait encore la prestance d'un guerrier dans toute sa force, son élégance n'était pas restée. Il semblait qu'il eût pris la raideur des habits de fer dont il avait toujours été couvert, et l'expression de son visage était devenue dure et froide.

Signis soutint, sans baisser les yeux, le regard interrogateur d'Othon, et elle comprit si bien ce que ce regard cherchait en elle, qu'elle lui dit en secouant lentement la tête :

— Non, Messire, non! il n'y a plus d'amour en mon cœur; ne craignez rien. Je ne viens pas vous demander compte de vos sermens, et vous ne vous souciez guère de ce que j'ai fait des miens.

— Qui vous l'a dit, Signis? repartit Othon.

— Ce que vous avez fait, aussi bien que ce que vous n'avez pas fait; ce que vous avez rappelé, comme ce que vous avez passé sous silence.

Vous n'avez plus d'amour dans le cœur, Othon; vous n'en avez plus pour moi, ni pour d'autres; vous n'en avez pas même pour rien : Vous êtes ambitieux.

Othon sourit amèrement, et répondit :

— L'enfant a grandi; la gazelle est devenue lionne.

Qui vous fait penser que je sois ambitieux?

— Je sais comment vous êtes entré dans ce château; je vous ai vu pénétrer dans cette galerie, écouter le sire Guy, franchir cette balustrade, arrêter celui qui menaçait de vous ravir votre héritage, pourvoir à tous les dangers, et tout cela sans qu'en pénétrant dans ces murs, aucun sentiment vous ait oppressé au point de vous faire ralentir cette course; sans qu'une larme ait mouillé vos yeux en mettant le pied en cette galerie; sans que rien enfin, tant qu'a duré cette longue assemblée, vous ait détourné du but où vous vouliez arriver.

Et à ce moment où demeuré, seul

vous eussiez pu saluer du cœur cette noble maison qui redevient la vôtre, vous n'avez éprouvé que l'incertitude de savoir par où commencer l'exécution de votre plan.

— Et quel est le vôtre, Signis? dit Othon, qui avait écouté tout cela avec la bienveillance d'un homme qui n'est point fâché d'être deviné; en quoi puis-je vous servir, que vous êtes venue si vite à moi?

— C'est de sauver Guy de Lévis, et je ne crois pas que vous ayez envie de me refuser.

— Le sauver! dit Othon, ce n'est pas chose assurée.

— Le secours d'un homme dévoué me suffit pour cela.

Ce secours, j'allais le chercher lorsqu'en passant près de cette galerie je vous ai entendu implorer votre père pour lui; alors je n'ai pas cherché d'autre appui; et je vous ai attendu.

Secondez-moi, il est facile de sauver sa vie.

— Je le sais, dit Othon, et ce n'est pas son salut qui m'inquiète, c'est de savoir s'il acceptera les conditions que je veux lui faire.

— Ou je vous ai mal deviné, dit

Signis en clignant des yeux et en souriant doucement, ou je vous ai mal deviné, et je ne connais pas le sire Guy, ou bien vous vous entendrez aisément.

Il y avait dans ses paroles, et surtout dans la manière dont elles furent prononcées un ton de raillerie qui disait mieux que nulle accusation ce que pensait Signis de la loyauté des deux chevaliers.

Othon ne voulut pas accepter ce jugement; car il reprit très-sévèrement :

— Ce que j'ai à proposer au sire Guy n'est point une trahison de sa part; je ne demande à personne ce que je ne voudrais pas accepter pour me sauver des plus affreux supplices!

— Je n'ai point entendu dire que vous voulussiez lui proposer une trahison, dit Signis avec hauteur, car le sire Guy en est incapable; mais il sait prévoir les événemens comme beaucoup d'autres, et il peut prendre des précautions pour l'avenir.

Othon regarda Signis d'un air froid et méchant, et sans cependant faire un pas pour sortir de la galerie comme ses paroles en montraient l'intention.

Il reprit :

— Eh bien! je me rends près de lui; qu'il accepte, et sa vie du moins sera sauvée... quant aux autres, on en fera ce qu'on voudra.

Signis regarda Othon à son tour; l'intention des derniers mots du chevalier était trop évidente, pour qu'elle pût s'y méprendre, et elle dit avec une fière assurance :

— Lui et les autres seront sauvés, Messire, ou vous aurez manqué à votre parole.

Othon se mit à rire.

— Ma parole, dit-il, qui me la réclamera? mes ennemis! que m'importe?

D'ailleurs, la résolution des chevaliers provençaux, contre laquelle j'ai protesté, ne me délie-t-elle pas aux yeux de tous; ce n'est plus ma parole qu'il faut invoquer, c'est ma volonté.

— Et ton intérêt, n'est-ce pas, Othon?

— Le mien et le tien après, Signis.

Écoute : je peux sauver un homme de ceux qui sont ici ; si je te laisse le choix, qui désigneras-tu ?

Signis parut violemment agitée, et hésita à répondre.

Othon la laissa un moment dans

cette affreuse perplexité, et reprit en ricanant :

— Oh! les femmes! il leur faut arracher leurs pensées du cœur, même lorsqu'elles sont connues de l'univers.

Voyons, Signis, je serai meilleur pour toi que tu ne le mérites; je sauverai Guy et Michel.

— Tu sauveras Michel, n'est-ce pas?

— Et que feras-tu pour cela, Signis ?

— Tout, tout ce que tu voudras, Othon.

Celui-ci se mit à rire de la vivacité exaltée avec laquelle la comtesse prononça ces paroles en lui prenant les mains et se jetant presque dans ses bras; il la considéra un moment pendant qu'elle attachait sur lui ses yeux ardens, et l'attirant près de lui, il lui dit :

— Je t'ai pourtant aimée, Signis, et tu n'étais pas alors plus belle qu'aujourd'hui. Que penses tu que je puisse te demander pour sauver Michel?

Signis lui répondit par un fin sourire de moquerie et lui dit :

— Rien qui puisse me faire peur, Othon; car si tu m'aimais encore, tu ne sauverais Michel à aucun prix.

— Qui sait ? dit Othon en riant aussi, tu es si belle ; et quoique mon âme rêve d'autres bonheurs, une fantaisie peut s'emparer du cœur le plus grave.

— Et s'il en était ainsi ? dit Signis avec une coquetterie qui semblait vouloir agacer le désir; si tu éprouvais cette fantaisie, Signis ne te cèderait pas, je te le jure.

— Je te suis donc bien odieux, dit Othon ?

— Non, dit Signis en envoyant à Othon son plus charmant sourire, non ; c'est que si je t'accordais ce que tu me demandes, tu ne voudrais plus sauver Michel.

Allons, viens près du sire Guy de Lévis.

— Folle, folle, lui dit Othon en riant, je t'aime parce que tu es une vraie femme, amoureuse et franche; tu n'es pas comme ces froides et tristes Anglaises qui ne sont que de sottes statues pour l'amour ou d'habiles ambitieuses qui font des projets d'homme.

Je sauverai ton Michel, et je te dirai à quel prix.

Viens.

Ils étaient prêts à sortir, lorsque Signis poussa un cri et s'arrêta.

— Qu'est-ce donc? lui dit Othon.

— Malheur sur nous! répondit Signis en montrant le corps de Guillelmète qui était resté étendu près de la balustrade, il m'a semblé voir remuer ce cadavre.

— C'est la clarté dansante des flambeaux qui s'éteignent qui t'a trompée; et maudite soit cette femme qui nous a causé tout cet embarras!

— N'importe, dit Signis, j'ai cru voir ses yeux s'ouvrir et ses lèvres remuer.

Couvre ce cadavre ainsi abandonné; s'il nous faut repasser par cette galerie, je ne veux plus le voir.

Othon chercha autour de lui quelque chose à jeter sur ce corps; il apperçut sa propre robe de romieu qui avait été posée sur la balustrade; il en couvrit Guillelmète, et bientôt après il disparut avec Signis dans un des passages intérieurs du château.

CHAPITRE DOUZIÈME.

En peu d'instans ils arrivèrent à la chambre qu'on appelait la chambre du paon, et dans laquelle le sire Guy de Lévis était enfermé.

Personne ne veillait à la porte; car

elle était d'une épaisseur telle que nul force humaine n'eût pu la briser.

Avant d'entrer, Othon dit à Signis :

— Maintenant, va chercher ta fille et l'enfant que le maure Ben-Ouled a amené dans ce château.

— Cet enfant! dit Signis étonnée; que vous fait cet enfant?...

— C'est là ma première condition, Signis, lui dit Othon; elle n'est pas, ce me semble, difficile à remplir.

Amène-le avec ta fille et apporte-nous ici ce qu'il faut pour écrire.

Signis s'éloigna, et les deux chevaliers demeurèrent seuls.

— Sire Guy, lui dit Othon, tu sais que ta mort est décidée parce que tu as traîtreusement assassiné une fille de race serve.

— Pour quelque motif qu'on demande ma vie, dit Guy de Lévis, tu peux la prendre; elle est en ton pouvoir.

— C'est parler bien haut, dit Othon d'un ton rude; c'est parler comme un homme qui a la peur dans l'âme, que d'affecter ce dédain de la vie au moment où je viens dans ta prison; car tu es trop habile, sire de Lévis, pour ne pas savoir que si j'y viens, j'ai quelque intérêt à la sauver.

— Quelque intérêt? reprit Lévis.

— J'ai dit intérêt, reprit Othon avec impatience, pour que n'aies pas des réponses ou des questions équivoques, et parce que nous n'avons le temps ni l'un ni l'autre de jouer auquel des deux est le plus fin.

Écoute, je connais tes projets; je les ai épiés et surpris au couvent de Saint-Maurice; les miens sont écrits sur ces deux parchemins que nous allons échanger.

Le sire Guy de Lévis prit l'un des parchemins et lut ce qui suit :

« Sur mon honneur et mon Dieu,
« moi Guy de Lévis, je m'engage à
« reconnaître de ce jour en un an la
« suzeraineté du comte de Toulouse

« pour le château de Lagarde qui
« est ma possession légitime par mon
« mariage avec Ermessinde, la fille
« du comte de Terride, à qui le châ-
« teau revient du chef de sa mère et
« par l'abandon des droits qu'y peut
« avoir Othon son frère, abandon
« qu'il fait par le présent acte. »

Guy de Lévis regarda Othon d'un air de surprise : mais celui-ci, sans paraître troublé, lui tendit l'autre parchemin renfermant cette déclaration :

« Sur mon honneur et mon Dieu,
« moi Othon de Terride, je m'enga-
« ge à reconnaître d'ici à un an la
« suzeraineté du comte de Monfort

« pour mon château de Terride, aban-
« donnant au sire de Lévis mes droits
« au château de Lagarde qui lui ap-
« partient par son mariage avec ma
« sœur, fille de la comtesse Signis. »

Guy réfléchit un moment.

Othon lui dit :

— D'ici à un an, ou je me connais mal en événemens, ou la guerre aura décidé entre nos deux seigneurs. Si le comte de Toulouse triomphe, ce sera à moi à te faire maintenir dans ta châtellenie de Lagarde, et en garantie de ma bonne foi tu auras ce parchemin par lequel tu pourrais me perdre. Si c'est Montfort au contraire que Dieu choisit pour posséder ce pays, ce sera à toi à me maintenir dans mon château, ou bien cet engagement remis par moi à Simon te dénoncera comme un traître.

Guy ne répondit pas d'abord, puis après un moment de silence il lui dit :

— Je ne sais point signer, mais j'ai fait graver le sceau de mes armes au pommeau de mon épée, fais qu'on me la rende et je l'apposerai sur ce parchemin.

— Soit, dit Othon en reprenant les deux parchemins, je vais te la renvoyer par le maure Ben-Ouled.

Seulement, je te préviens que le passage secret qui, de cette salle perce le sommet de la colline et va s'ouvrir sur son revers parmi les broussailles et les houx qui le cachent, restera fermé.

Guy se tut, comme un homme pris à la ruse à laquelle il croyait en prendre un autre.

— Je sais, continua Terride, que la comtesse Signis cherche en tous lieux un homme dévoué pour aller lever la lourde pierre qui arrête la herse ; mais elle n'en trouvera pas, et à l'heure où je sortirai d'ici sans ce parchemin, quatre hommes armés y veilleront.

— Je signerai, dit Guy de Lévis.

— La comtesse va nous apporter ce qu'il nous faut.

Guy se taisait, mais on voyait qu'il lui répugnait singulièrement de faire ce qu'on lui proposait.

Était-ce la transaction en elle-même qui lui déplaisait comme un acte déloyal, ou bien ne craignait-il de faire ce pacte honteux que parce qu'il en redoutait le danger?

C'est ce que le sire de Terride ne pouvait deviner.

Enfin Guy de Lévis lui dit :

— Est-ce donc là toute ton ambition, et n'es-tu rentré en Provence que pour y reprendre ce château et ces terres?

Cette question fit sourire Othon qui répondit :

— Toi-même, si Simon de Montfort triomphe, comptes-tu borner tes prétentions à cette seigneurie de Terride, et ne penses-tu pas que le comte de Foix a fait une résistance assez désespérée à la croisade, pour mériter que le nouveau comte de Toulouse le dépouille de ses terres et en investisse quelque brave chevalier de son armée, qui ne lui aura pas fait faute sur le champ de bataille?

Ce qui reviendra à chacun de nous

si son parti triomphe sera sans doute mesuré à nos services, et chacun de nous saura les faire valoir comme il l'entend ; mais ce qu'il est nécessaire d'assurer, c'est la part qui restera au vaincu : je m'en suis fait une, je t'en ai fait une autre : je ne puis t'offrir davantage.

Guy hésitait encore, lorsque la comtesse Signis entra avec Ermessinde et le jeune enfant que Terride lui avait dit d'amener.

— Pourquoi la comtesse ici, dit Lévis, et pourquoi cet enfant?

— Signons d'abord, et tu le sauras ensuite, dit Othon.

— Il y a une ruse pour nous perdre en tout ceci, dit Guy; je ne signerai pas.

— Comme tu voudras, dit Othon en se plaçant près de la porte l'épée nue.

Mais je te l'ai dit une fois, tu ne sortiras d'ici que par ma volonté, et aucun de vous n'en sortira qu'après avoir accepté mes conditions.

— Qu'est-ce à dire, s'écrie la comtesse, est-ce une trahison?

— La peur vous rend tous fous, dit Othon avec mépris; songez que ni vous ni moi n'avons de temps à perdre en vaines discussions.

Si je voulais ta vie, sire de Lévis, ne me suffit-il pas de l'abandonner à ceux qui la réclament et qui y comptent.

Si la tienne me gênait, Signis, le secret de Michel prononcé aux oreilles de mon père suffirait pour qu'elle fût condamnée.

Comprenez donc que ce que je fais m'est plus utile qu'à vous, et pour que vous n'en doutiez pas, voici ce que je veux : tu ne partiras pas seul, Guy de Lévis, tu emmèneras ces deux femmes et cet enfant.

Dans une heure vous serez au bout du souterrain, et dans une heure je vous en ouvrirai l'issue. Les ôtages de ma bonne foi sont ce parchemin que tu pourrais montrer aux chevaliers ici assemblés si je manquais à ma promesse, et cet enfant que vous me remettrez à l'issue du château et que vous serez censés avoir enlevé.

Ainsi je sortirai seul du château sans qu'on puisse me soupçonner d'avoir aidé à votre fuite.

— Et que voulez-vous faire de cet enfant? dit Guy de Lévis.

— Ce me sera un gage contre la vengeance du maure Ben-Ouled; d'ailleurs telle est ma volonté.

Songez qu'il me reste à peine une heure pour pourvoir au salut de Michel.

— Oh! s'écria Signis, signez, sire Guy... Je connais Othon, un nouveau refus de votre part, et il livrerait Michel à la rage des Provençaux.

Ermessinde se taisait, mais on voyait que ce projet de fuite lui souriait autant qu'à sa mère, et enfin Guy de Lévis se décida à signer.

— Maintenant, dit Terride, songez que notre projet ne peut réussir que par l'exactitude avec laquelle nous nous rencontrerons à l'issue extérieure ; c'est surtout vous que cela intéresse ; car il faut que vous ayez gagné au moins une heure de route sur ceux qui sans doute se mettront à votre poursuite dès qu'ils auront appris votre évasion.

A la porte de l'issue, je vous dirai en quel endroit vous retrouverez Michel.

Othon quitta aussitôt la chambre du Paon dont il tira les verroux extérieurs.

Puis il s'arrêta un moment et sourit à la grande victoire qu'il venait sans doute de remporter.

Cependant il lui restait à sauver Michel, et comme son intention surtout était de ne pas être compromis aux yeux des chevaliers provençaux, il choisit le moyen le plus simple pour obtenir le salut de ce jeune homme.

Certes, la vie de Michel était de fort peu d'intérêt pour Othon, et, malgré sa promesse à Signis, il n'eût pas hésité à la sacrifier, mais il comprenait bien que ce ne serait qu'à ce prix que l'enfant lui serait remis, et, à ce qu'il paraît, il lui importait également que l'héritier du vicomte de Bésiers ne fût ni au pouvoir des Français ni au pouvoir des Provençaux.

Nous avons dit dans un chapitre précédent, qu'au moment où Othon était demeuré seul, il avait hésité soit à se rendre à l'appartement de son père, soit à l'intérieur, soit à la chambre du Paon.

Cette hésitation n'avait d'autre cause que l'incertitude de savoir par où il commencerait l'exécution de son projet, jusqu'au moment où il fut entraîné par la comtesse Signis à se rendre d'abord auprès de sire Guy de Lévis.

Ce plan de conduite vis-à-vis de ce Français était arrêté d'avance, et il se serait aisément exécuté entre le sire Guy prisonnier, et Othon, sans le meurtre de Guillelmète; mais ce meurtre, tout en créant un obstacle à son succès, avait fourni à Othon le moyen de faire enlever le jeune Adhémar de Béziers sans qu'on pût le soupçonner d'y avoir pris part.

Ce fut donc pour assurer le succès de son projet qu'Othon se rendit immédiatement dans l'appartement de son père presque au moment où Crédo venait de le quitter.

FIN DU PREMIER VOLUME.

TABLE

DES CHAPITRES

DU PREMIER VOLUME.

	Pages.
Chapitre Ier.	5
— II.	23
— III.	41
— IV.	63
— V.	87
— VI.	107
— VII.	127
— VIII.	183
— IX.	217
— X.	239
— XI.	263
— XII.	285

LA FERTÉ-S-JOUARRE. — IMP. DE GUÉDON.

PUBLICATIONS RÉCENTES.

TROIS HOMMES FORTS
Par Alexandre Dumas fils. — 4 vol. in-8.

LÉONIE
Par Cl. de BERTIN. — 1 vol. in-8.

LES HOMMES NOIRS
HISTOIRE ESPAGNOLE
Par F. de Bazancourt. — 2 vol. in-8.

LES DEGRÉS DE L'ÉCHELLE
Par Madame la comtesse DASH. — 6 vol. in-8.

L'AMAZONE
Par Alexandre Dumas.

L'ÉVENTAIL D'IVOIRE
PAR AUGUSTE LUCHET.

LES COMÉDIENS AMBULANTS
OU LA SYRÈNE DE PARIS
Par Alphonse BROT. — Nouvelle édition.

UN DRAME DANS LES PRISONS
Par H. DE BALZAC. — 2 vol. in-8.

LE FOYER DE L'OPÉRA
Tomes 9 à 13, par Alexandre Dumas, etc.
Ces 5 derniers volumes complètent cette publication

LAGNY. — Imprimerie de VIALAT et Cie.

www.ingramcontent.com/pod-product-compliance
Lightning Source LLC
Chambersburg PA
CBHW060409170426
43199CB00013B/2064